Cook Memorial Public Library
3 1122 01553 4444

D0637636

# COLLEGE PARA TODOS

ANA MARÍA JARAMILLO

# COLLEGE PARA TODOS

## Una guía para que sus hijos alcancen sus metas académicas en U.S.A.

Argentina – Chile – Colombia – España
Estados Unidos – México – Perú – Uruguay

1.ª edición Octubre 2019


Plaza de los Reyes Magos, 8, piso 1.º C y D – 28007 Madrid
www.empresaactiva.com
www.edicionesurano.com

ISBN: 978-84-16997-16-9
E-ISBN: 978-84-17780-43-2
Depósito legal: B-14.953-2019

Fotocomposición: Ediciones Urano, S.A.U.
Impreso por Romanyà Valls, S.A. – Verdaguer, 1 – 08786 Capellades (Barcelona)

Impreso en España – *Printed in Spain*

En el 2012, cuando recién empezaba high school, mi hija mayor empezó un proyecto comunitario en Miami, inspirado en Malala Yousafzai, más tarde mi hija menor se le uniría y de aquella experiencia, surgió mi pasión por educar a los padres, especialmente hispanos, sobre el sistema educativo estadounidense.

Este libro no hubiera sido posible sin el cariño y apoyo incondicional de mi familia y de Luz María Jaramillo, Jeanette Vázquez y Adolfo Salgueiro, quienes con sus valiosos aportes lo enriquecieron.

«Un libro, un lapicero, un niño y un maestro pueden cambiar el mundo».

Malala Yousafzai

# Índice

# Introducción

Como periodista por más de 25 años y madre de dos hijas, una aún en college y otra recién graduada, he experimentado en «carne propia» los retos que tenemos los padres hispanos con hijos adolescentes, durante su educación en Estados Unidos.

En conversaciones con amigos y colegas nacidos fuera del país, usualmente coincidimos en afirmar que para nosotros fue más fácil educarnos, que lo que ha sido para nuestros hijos. Esto, a pesar de las enormes ventajas académicas y tecnológicas que nos ofrece vivir en la potencia más importante del mundo.

Además, tampoco estamos tan acostumbrados como padres a involucrarnos. Mi mamá, por ejemplo, conoció mi universidad, el día que me gradué.

El hecho de que el sistema de educación de este país sea distinto al de hispanoamérica, unido a la barrera del idioma, hace que muchos padres no puedan acompañar, de la forma que quisieran, a sus hijos durante su transición entre high school y college.

El problema es que no solamente los padres carecen de información. A muchos de los estudiantes, especialmente los recién llegados, les toca enfocarse primero en estudiar inglés y después aprender «a la carrera» el funcionamiento del sistema educativo, si es que quieren ser medianamente competitivos a la hora de aplicar a la universidad.

Los consejeros de las escuelas son pocos y no dan abasto y tanto estudiantes hispanos como sus padres, siguen estando en desventaja. Todo por falta de información.

Otra razón por la que necesitamos conocer mejor el sistema es netamente económica. La educación superior estadounidense puede llegar a ser tan costosa, que la decisión de uno de los miembros de una familia de ir al college, puede llegar afectar seriamente las finanzas de todo el núcleo familiar.

Muchos estudiantes y sus familias asumen préstamos estudiantiles, simplemente por desconocimiento de otras opciones para educarse.

De hecho, de acuerdo con las cifras más recientes del Institute for College Access and Success, 7 de cada 10 estudiantes se gradúan de college con una deuda de alrededor de $30.000.

Quiero aclarar que no se trata de hacer la tarea de nuestros hijos, sino la nuestra, la que nos corresponde como padres. La idea es informarnos para hablar con ellos sobre lo que están viviendo, las consecuencias de sus decisiones académicas y financieras, para que en todo momento se sientan apoyados por nosotros.

Tanto en este libro, (que es mi tercera publicación) como en mis segmentos en medios de comunicación, mi página web www.collegeparatodos.com mis mentorías y mis conferencias, el objetivo es el mismo, empoderar a los padres hispanos, para que a su vez ellos hagan lo mismo con sus hijos y así entre todos hacer una diferencia en nuestra comunidad.

**College para todos** está dividido en cinco capítulos. **El primero** busca ilustrar a los padres sobre la estructura de la educación secundaria en Estados Unidos, muy distinta a la de América Latina.

El objetivo del **segundo** y **tercer capítulos** es definir un mapa de ruta para los años de high school. Ilustrando las metas que deben cumplir nuestros hijos, con nuestra orientación y apoyo.

En **el cuarto** capítulo, les mostraré la estructura de la educación superior en Estados Unidos, de la manera más didáctica posible.

Y finalmente, en el capítulo **cinco** tocaremos el tema financiero y veremos allí algunas de las mejores estrategias para pagar lo menos posible por esos cuatro años de nuestros hijos en college.

Aunque siempre he tratado de no hablar o escribir en «Spanglish», reconozco que en esta ocasión es necesario, pues es muy importante que los padres se familiaricen con el vocabulario en inglés, que involucra la educación de sus hijos.

De igual manera hay varias palabras que al traducirlas tienen otro significado. Por ejemplo, la palabra college en español significa colegio. Sin embargo, mientras en América Latina abarca las etapas previas a la universidad, en Estados Unidos son justamente los primeros cuatro años de educación superior.

Algo similar pasa con el término bachelor, que en español significa bachillerato. Un diploma de bachillerato en Latinoamérica se obtiene tras culminar los estudios de high school, mientras que en Estados Unidos un grado de bachelor se da al terminar los primeros cuatro años de educación superior o college.

También vamos a utilizar una serie de abreviaturas y acrónimos para agilizar la lectura de este libro y al final encontrará un glosario con los términos más importantes relacionados con el tema educativo.

Desde que conocí en el 2012 la historia de Malala, la adolescente pakistaní que fue baleada por los talibanes por defender el derecho de las niñas a educarse y supe que tras su determinación y valentía estaba su padre, comprendí que tenemos muchas más responsabilidades con la educación de nuestros hijos, que simplemente llevarlos todos los días a la escuela, pagar por su educación y velar porque tengan buenas notas.

Tenemos que involucrarnos más y para hacerlo, tenemos que informarnos más. ¡Nunca olvide que quien tiene la información, tiene el poder! y en educación sí que se cumple esto!

Ya el primer paso está dado, usted está leyendo este libro.

No dude en escribirme a info@collegeparatodos.com para contarme su historia de éxito. ¡Nuestra aventura de aprendizaje juntos comienza aquí!

# 1

# Cómo funciona el sistema educativo en Estados Unidos

Una de las cosas que más admiro de Estados Unidos es su alto nivel de planificación como sociedad. Desde que los niños nacen muchos padres ahorran para pagar la universidad. Desde que inician la vida laboral, muchos trabajadores empiezan a ahorrar para su jubilación. Es una cultura mucho más planificadora que la latinoamericana.

Y esta planificación no solamente se da con fines económicos, sino también académicos. Todos queremos que nuestros hijos se eduquen de la mejor manera posible y para ello tratamos de ayudarlos a asumir sus próximos retos.

Si están pequeños, buscamos un buen preescolar que los prepare para una buena escuela elemental. De ahí averiguamos por un buen middle school y luego tratamos de elegir un high school, lo suficientemente bueno, que maximice sus opciones de ir a un buen college, que a su vez se convierta en una excelente base para ir a un buen graduate school, si es que así lo quiere, para estudiar medicina, leyes, veterinaria, etc. La constante: buscar siempre una «buena» opción para el futuro, siempre de acuerdo con las cualidades académicas del estudiante y nuestras posibilidades.

El problema, es que muchos padres no conocemos el sistema educativo estadounidense y solo lo vamos haciendo en la medida que nuestros hijos van pasando por las distintas etapas, dando espacio así para mucha improvisación y poca planificación.

El objetivo de este capítulo es darle información, lo suficientemente clara, sobre el funcionamiento de este sistema, especialmente durante el high school, que le permita anticiparse a las distintas etapas por las que van a pasar sus hijos y por ende acompañarlos de una manera más eficaz en su camino a educarse.

## Estructura general del sistema educativo estadounidense antes de la universidad

En Estados Unidos la estructura del sistema educativo funciona diferente a la mayoría de los países latinoamericanos, en los que usualmente los estudiantes están en la misma institución desde pequeños hasta que se gradúan. Aquí, lo usual es que haya una escuela distinta para cada etapa de formación:

| | | |
|---|---|---|
| **Preescolar** | 2 años | Prekinder y Kinder |
| **Elementary School** | 5 años | De 1ro a 5to grado |
| **Middle School** | 3 años | De 6to a 8vo grado |
| **High School** | 4 años | • 9 grado o Freshman year<br>• 10 grado o Sophomore year<br>• 11 grado o Junior year<br>• 12 grado o Senior year |

**Título al salir de high school: High School Diploma**

Las personas que han abandonado sus estudios pueden cumplir los requerimientos y obtener un GED (General Education Development) que es el equivalente a un diploma de high school.

## Tipos de escuelas

En términos generales, estos son los tipos de escuelas desde Kinder hasta 12 grado en Estados Unidos:

| Escuelas | Financiadas | Administradas | Admisión | Costo |
|---|---|---|---|---|
| **Públicas Regulares** | Fondos públicos | Por el estado, a través de las juntas escolares locales | • Garantizada si se cumple con el requisito de ubicación de vivienda | Ninguno |
| **Públicas Magnets o imán** | Fondos públicos | Por el estado, a través de las juntas escolares locales | • No hay requisito de ubicación de vivienda<br>• Si la demanda excede la oferta, los cupos podrían darse por lotería<br>• Podría tener otros requisitos de admisión, como exámenes, audiciones, y portfolios, por ejemplo | Ninguno |
| **Públicas Vocacionales** | Fondos públicos | Por el estado | Podría haber requisito de residencia en el estado | Ninguno |
| **Públicas Virtuales*** | Fondos públicos | Por el estado | Podría haber requisito de residencia en el estado | Ninguno |
| **Privadas Virtuales*** | Fondos privados | Por empresas privadas | No hay requisito de residencia en el estado | Tiene costo |

| | | | | |
|---|---|---|---|---|
| **Charters** | Fondos públicos | Por empresas privadas | • No hay requisito de ubicación de vivienda<br>• Si la demanda excede la oferta, los cupos podrían darse por lotería<br>• Podría tener otros requisitos de admisión, como exámenes, audiciones, y portfolios, por ejemplo | Ninguno |
| **Privadas**** | Fondos privados | Por empresas privadas | • No hay requisito de ubicación de vivienda<br>• Usualmente requieren de un examen de admisión y otro de placement o ubicación del estudiante en las clases | Normalmente se paga una inscripción y una mensualidad por 10 meses |

* **Las escuelas virtuales u online** se han creado especialmente para aquellos estudiantes con alguna característica o circunstancia especial en su vida, aunque cualquiera puede beneficiarse de ellas. Como, por ejemplo:

- Estudiantes sobresalientes que quieren avanzar más académicamente.
- Deportistas.
- Hijos de militares, artistas o de cualquier otra profesión que requieran muchos cambios de residencia y busquen estabilidad académica.
- Estudiantes con una condición médica que deban permanecer bajo tratamiento constante.
- Estudiantes que requieren una supervisión académica más directa y que sus padres quieran realizarla.

** **Las escuelas privadas**, es decir por las que se paga una inscripción y una mensualidad, pueden ser religiosas y laicas, es decir no religiosas. El costo de una escuela privada puede estar entre $10.000 y $64.000 al año.
Como dato interesante, la mayoría de las preparatorias más caras del país están repartidas en tres estados: Massachusetts, Connecticut y New York. La más costosa, está en Connecticut y se llama Forman. Su precio anual: $64.255 para quienes solo estudian y no viven allí y de $76.800 para quienes, sí lo hacen, pues incluye room and board, es decir alojamiento y alimentación o lo que en muchos países latinoamericanos llaman internado.

**Tip:** *Si le gustaría que su hija o hijo fuera a una escuela privada, pero está fuera de su presupuesto, le aconsejo que revise la política de becas de la institución y aplique. En mi experiencia, entre más costosa la mensualidad de una preparatoria, más dinero tiene para darle a estudiantes destacados, que no puedan pagarla.*

## Tipos de programas

- *Traditional Program (Programa Tradicional)*

Cuenta con un programa general de estudios, sin ninguna especialización. Puede estar presente en colegios públicos o privados, de manera física o virtual.

> Tip: *Es una buena alternativa para aquellos estudiantes que aún no saben lo que les gusta, a nivel académico, y quieren explorar las distintas opciones durante su tiempo en high school.*

- *Magnet Program (Programa Imán)*

Es un tipo de programa dentro del sistema público que, adicional al currículo requerido ofrece cursos enfocados en diversas áreas como salud, computación, negocios, arte, música, etc.

Hay un período de aplicación fijo y si la demanda excede la oferta, usualmente se distribuyen los cupos a través de lotería. Muchos Magnets empiezan desde la escuela elemental. Por ser parte del sistema público, estos programas son gratuitos.

> Tip: *Si su estudiante tiene un marcado interés por un área específica, los programas Magnet, pueden ser una excelente opción.*

- *BASIS Curriculum (Currículo Basis)*

Es un programa de escuelas charter muy popular en Arizona, aunque también funcionan en otros lugares como

Louisiana, Texas y Washington, D.C. Se basa en un currículo muy riguroso con clases AP, que culmina con un proyecto independiente que hacen los estudiantes Seniors, de 3 meses de duración, propuesto y construido por ellos mismos, bajo la guía de un consejero interno de la facultad y un especialista externo. El proyecto, es la fase más evolucionada del Diploma BASIS y permite a los estudiantes demostrar independencia, responsabilidad, disciplina y gran habilidad en resolución de problemas. Por ser parte del sistema de escuelas charter, es gratuito.

> **Tip:** *Si a su hijo o hija le gustan los retos académicos y vive en uno de estos estados, busque este tipo de escuelas. De hecho, de las mejores ocho escuelas charter del país, cinco pertenecen al sistema BASIS en Arizona.*

- ***International Programs (Programas internacionales)***

Dentro de los programas internacionales ofrecidos en Estados Unidos se encuentran:

- *IB Program (International Baccalaureate) o Bachillerato Internacional*

  Este programa puede empezar desde la escuela elemental, pero se hace formal solamente en los grados once y doce de high school. Está enfocado en investigación, escritura y evaluación práctica.

  Los estudiantes pueden ganar créditos para la universidad, después de tomar cursos IB y pasar los exámenes.

Este programa es ofrecido tanto por escuelas públicas (donde es gratuito) como por escuelas privadas, donde hay que pagar.

**Tip:** *Si a su hijo o hija le gusta escribir, elegir el IB Program puede ser una buena decisión, especialmente porque cuenta con mucho prestigio dentro de las universidades, por su rigurosidad académica, lo que podría ser de gran ayuda en el proceso de admisión.*

- *Cambridge Program AICE (Programa Cambridge)*
  El Advanced International Certificate of Education (AICE) curriculum es un programa patrocinado por la Universidad de Cambridge en Inglaterra. Está basado en el desarrollo de habilidades del pensamiento, orales, escritas, de resolución de problemas, trabajo en grupo y de investigación.

  Al igual que el IB Program, este programa es ofrecido por escuelas públicas y por escuelas privadas.

**Tip:** *Aunque menos conocido en Estados Unidos que el IB Program, el Cambridge es un programa muy riguroso, que puede ser de gran ayuda para que el estudiante muestre sus cualidades académicas, durante su proceso de aplicación a college.*

- *International Studies Program IS (Programa de Estudios Internacionales)*

  A través de este programa, la escuela trabaja en colaboración con los ministerios de educación de varios países, para asegurar que los requisitos y estándares educativos de esa nación se cumplan en el currículum y así el diploma de high school sea válido tanto allí como en Estados Unidos.

  Es necesario que el estudiante tenga un buen conocimiento de la lengua que elija, adicional al inglés, porque las clases serán en los dos idiomas.

> **Tip:** *Si a su hijo o hija le gusta relacionarse con estudiantes de otros países y tiene el conocimiento de otro idioma, este puede ser su programa ideal.*

- ***Homeschooling (Educación en casa)***

Con este programa, los padres deciden educar a sus hijos en casa. Esta opción cada vez tiene más adeptos, pues solamente se necesita escoger un plan de estudios, comprarlo y notificar esta decisión al sistema escolar local. Los padres no necesitan ser maestros ni tener licencia del estado para enseñar.

Este tipo de educación se puede dar desde kínder hasta el grado doce. Los jóvenes están obligados a tomar las pruebas estandarizadas, al igual que los demás estudiantes del país. Usualmente las clases de laboratorios y las actividades extracurriculares pueden hacerlas en un community college o college/universidad local.

El homeschooling se diferencia de la escuela virtual en que, mientras en el primero no es necesario que el estudiante tenga un maestro asignado, pues el padre y/o la madre pueden hacer esta labor, en la virtual si lo tiene, como en el sistema tradicional.

**Tip:** *Si decide que la educación en casa es la mejor opción para su familia, le recomiendo que haga una buena investigación de los diversos planes de estudio, teniendo en cuenta la personalidad de su hijo o hija y su forma de aprender.*

## Tipos de clases

Usualmente, durante el Spring (primavera), los estudiantes de high school tienen la opción de escoger sus cursos para el siguiente año escolar. Esta selección depende de las clases que han tomado el año anterior y las notas que han sacado.

He visto muchos estudiantes de escuelas públicas que desde noveno grado empiezan a ver clases que pueden ser válidas en high school. Sin embargo, esto rara vez ocurre en los colegios privados.

En términos generales, hay tres tipos de clases en high school. Aunque pueden denominarse con otros nombres y en algunas escuelas puede haber otros tipos, estos son los más comunes:

| Clases | Esfuerzo | Crédito para college | Previa aprobación |
|---|---|---|---|
| Regulares | Standard | No | No |
| Honores | • El profesor va más rápido<br>• Se cubre más material | Solo si es dual enrollment | Si |
| AP | • Igual que las clases de honores<br>• Hay un examen nacional impartido por el College Board en mayo | Solo si se pasa el examen | Si, aunque se puede tomar el examen sin el curso |

## Otros aspectos involucrados en las clases de high school

*¿Qué es eso del dual enrollment?*

Seguramente ha oído decir que la hija de una amiga, por ejemplo, se graduó de high school con 20 créditos o que terminó la carrera antes, porque llevaba muchos créditos ganados en high school.

La explicación es muy sencilla y se traduce en dos palabras, dual enrollment o (doble inscripción), que les permite a los estudiantes recibir créditos de high school y de college al mismo tiempo.

Por ejemplo, Mía está tomando estadística honores en el doce grado de high school y esa materia es dual enrollment, es decir que le da la posibilidad que ese curso no lo tenga que volver a tomar en college. El grado que saque va a aparecer tanto en los transcripts (hoja de calificaciones) de high school como en las de college.

Debido a que solamente los colleges y universidades pueden validar estos grados, los high schools hacen convenios con estas instituciones para que lo hagan, esto se llama Articulation Agreement.

En las escuelas públicas y charters, los cursos de dual enrollment se pueden tomar dentro de la institución o fuera de ella, en un community college o college/universidad local, además son gratis.

En escuelas privadas, usualmente se toman sólo dentro de sus instalaciones. También están avalados por un college o universidad local, aunque hay que pagar por ellos, de acuerdo con el número de créditos que tenga cada curso.

Siguiendo con el caso de Mia, el curso de estadística que está tomando tiene tres créditos. Entonces ella tiene que pagar por el dual enrollment de ese curso, no al high school, sino al college o universidad para que lo avale y después pueda enviar los grados al college que ella decida estudiar y así no lo tenga que volverla a tomar.

*Tres recomendaciones a la hora de tomar una clase de dual enrollment*

1. Antes de que su estudiante acepte tomar un curso de dual enrollment, háblele sobre la responsabilidad que esto implica. Un mal grado, puede afectar el GPA (promedio de notas universitarias) significativamente, aún sin empezar formalmente esta etapa.

2. El primer año de college tiene cursos muy básicos para todos los estudiantes. En mi experiencia los dual enrollment más útiles están en las áreas de inglés, matemáticas, idiomas e historia. Porque son los que deben tomar la mayoría de ellos, independiente de lo que de-

cidan estudiar. Los cursos de dual enrollment (en ciencias funcionan mucho mejor para quienes quieren hacer una carrera en STEM (acrónimo en inglés de profesiones relacionadas con ciencia, tecnología, ingeniería y matemáticas), que para quienes estudiar comunicaciones, por ejemplo.

3. Si tiene alguna duda sobre esto, pídale a su estudiante que hable con el counselor escolar o el de college (CAP Advisor) de su high school.

*¿Qué son los créditos académicos?*

Es muy importante que conozca cómo funciona el sistema de créditos usado en Estados Unidos. Un crédito es una unidad que mide el tiempo y el esfuerzo académico requerido para obtener un grado universitario.

Por ejemplo, para tener un AA (Associate of Arts) o AS (Associate of Science) se requiere de haber completado 60 créditos académicos, los cuales normalmente se hacen en dos años.

La mayoría de las materias en college tienen 3 créditos y los laboratorios usualmente tienen 1 crédito.

Volvamos al caso de Mia. Al entrar a college ella contaba con tres créditos académicos, por una clase de estadística que tomó en high school, entonces le haría falta completar 57 créditos en lugar de 60, para sacar su asociado. Por lo que este podría ser su plan para hacerlo:

| Periodo | Créditos tomados | Número de materias |
|---|---|---|
| 12 grado high school | 3 | Una materia |
| Primer semestre College | 13 | Cuatro materias más un laboratorio. |
| Segundo semestre College | 13 | Cuatro materias más un laboratorio |
| Verano College | 6 | Dos materias |
| Tercer semestre College | 12 | Cuatro materias |
| Cuarto semestre College | 13 | Cuatro materias más un laboratorio |
| **TOTAL** | | **60 Créditos** |

Cabe aclarar que, si el estudiante está en un programa de cuatro años, al terminar los primeros 60 créditos, no recibirá un Asociado. Esto solo ocurre en los programas de dos años que usualmente ofrecen los community college o states colleges.

Para tener un Bachelor's degree, se necesitan 120 créditos universitarios (60 de los cuales se pueden haber obtenido con un asociado). Lo que normalmente se hace en cuatro años, aunque también se puede acortar este tiempo tomando más materias, especialmente en los veranos, y con créditos conseguidos en high school.

El sistema de créditos también se usa para medir si un estudiante es full time (es decir 12+ créditos), ¾ time (de 9 a 11 créditos), half time (de 6 a 8 créditos) y less than half time (de 1 a 5 créditos).

*¿Cómo funcionan las clases AP o de colocación avanzada?*

Las clases AP, son clases de colocación avanzada que pueden tomarse en cualquier año de high school. Pueden tener la misma rigurosidad académica de una clase de honores de dual enrollment, pero se diferencian de éstas en que el grado final solo impacta el GPA del high school y no da crédito para el college.

¿Entonces de dónde sale la posibilidad de no tener que tomar otra vez la misma clase en college?

Del examen (administrado por el College Board) que en mayo de cada año deben tomar los estudiantes de todo el país, que han cursado clases AP en su high school.

La calificación es de 1 a 5 (se pasa con 3, aunque muchas universidades solamente aceptan un 4 o 5 para validar el curso).

| Calificación del examen AP | Significado | Grado equivalente en college |
|---|---|---|
| 5 | Muy bien calificado | A+ y A |
| 4 | Bien calificado | A–, B+ y B |
| 3 | Cualificado | B–, C+ y C |

Tomemos el caso de Juan, quien en el grado once tomó AP US history, es decir la clase avanzada de historia estadounidense. Su nota al terminar el año fue A y en el examen nacional sacó 4.

En cambio, en su Senior year tomó AP English Composition y aunque su grado en la escuela también fue de A, en el examen sacó 2.

Entonces, sus grados de A se van a ir al GPA de high school y van a valer más que si fuera una clase regular o de honores (ya explicaré esto cuando veamos la forma de calcular el GPA weighted y unweighted).

Sin embargo, solamente va a tener crédito en el college por la clase de historia, porque en el examen de inglés sacó menos de 3.

Para ver las políticas de cada universidad en relación a los puntajes de los exámenes AP, le recomiendo que visite el College Board:

https://apstudent.collegeboard.org/creditandplacement/search-credit-policies

### *¿Qué pasa si mi estudiante quiere tomar una clase de AP que no ofrece su escuela?*

No todos los high schools ofrecen la totalidad de los AP. si su estudiante quiere tomar una clase AP que su escuela no tiene, existe la posibilidad de que se prepare por cuenta propia (puede ser a través de las escuelas virtuales de cada estado) y solo presente el examen en mayo. Es necesario que esta opción sea discutida con el counselor de la escuela, que debe aprobarla.

### *¿Y si la escuela sí lo ofrece, pero su counselor no se lo aprobó?*

Si usted considera que su hijo o hija está en capacidad de tomar la clase y no se la aprobaron, reúnase con el counselor o con el maestro y pregúntele los motivos para esa decisión.

*¿Cuántas clases AP debe tomar mi hijo para que su aplicación sea atractiva para la universidad?*

Depende de que tan selectiva sea la universidad en su proceso de admisión, aunque cada vez más instituciones están comparando el número de clases AP que están tomando los estudiantes, con los ofrecidos por el high school donde están inscritos.

Si en la escuela de su hijo se ofrecen más de 25 clases AP, obviamente no se va a ver muy bien que solamente este haya tomado una sola, durante los cuatro años de preparatoria.

Lo común en las universidades selectivas es que los estudiantes aceptados hayan tomado un promedio de 8 clases AP, aunque el rango puede variar entre 5 y 13.

Por eso le recomiendo que le pregunte al counselor de su estudiante, cuál es el promedio de clases AP por estudiante en ese high school.

De todas maneras, si su hijo ya está en el Senior year de high school y no tomó ninguna clase AP, no se preocupe. Hay muchas universidades, especialmente las públicas de su estado, en las que podrá acceder con buenas notas y un buen puntaje en el SAT o ACT, sin necesidad de haber tomado estas clases.

*¿Si mi hija saca 3 en el examen de AP en mayo, esto le garantiza que no tendrá que ver esa clase en college otra vez?*

No, cada college y universidad tiene sus propias reglas para acreditar las clases AP. En muchas instituciones puede necesitar un puntaje de 4 ó 5 para que se la validen. Le recomiendo que le diga a su hija que revise cuáles son los requerimientos en este punto en los websites de las universidades que está pensando aplicar y así tenga esta información, ojalá, antes de presentar los exámenes.

*¿Qué es el Pre-AP?*

Desde el otoño del 2018, el College Board empezó a ofrecer en varias escuelas del país clases PAP o pre-AP, en las que busca familiarizar a los estudiantes con las clases AP antes de tomarlas formalmente.

*¿Hay mucha diferencia entre las clases de honores y las clases AP en cuanto a la dificultad de la clase?*

Esta diferencia varía mucho, dependiendo del high school y del profesor. Sin embargo, muchos educadores coinciden en afirmar que no es mucha la diferencia. Usualmente los estudiantes que toman clases de honores en noveno y décimo grados, se matriculan en clases AP en once y doce.

**Tip:** *Antes de que su hijo o hija tome una clase AP, pídale que con los estudiantes que ya la han tomado en su escuela, sobre su experiencia con el curso y con el maestro que lo imparte. Porque, si bien el examen que se debe tomar en mayo es el mismo en todo el país, el desarrollo del curso no es estándar y depende mucho de la calidad de la educación de cada high school y del instructor.*

*¿Hay que pagar aparte por las clases y el examen AP?*

En las escuelas públicas no hay que pagar por tomar las clases, pero en algunas si se paga por el costo del examen. En gran parte de las privadas hay que pagar el valor del curso y del examen, aparte de la mensualidad.

## Tres formas de ganar créditos académicos universitarios durante high school

Hay tres maneras de llegar a la universidad con créditos académicos ganados durante high school:

- Clases que sean **dual enrollment.**
- **Clases AP,** a través del resultado del examen de mayo.
- Los exámenes **CLEP.**

*¿Y qué son los exámenes CLEP?*

Los exámenes CLEP o College Level Examination Program, son realizados por el College Board (los mismos que hacen las pruebas de AP, PSAT, SAT y SAT Subjects) para evaluar el conocimiento del estudiante en un determinado tópico, con el fin de darle crédito para college.

Veamos el caso de Clara. Ella tomó el AP Spanish Language and Culture en el grado once y su nota final fue de A, sin embargo, en el examen nacional de mayo sacó 2, por lo consiguiente, no lo pasó.

Clara habla muy bien español y no debería tener que volver a tomar esta clase nuevamente en college.

Para casos como el de ella fue creado CLEP, en el que los estudiantes se preparan solos para presentar un único examen, que puede hacerse en cualquier época del año. Si lo pasan, no tendrán que ver esa materia en college.

Estos exámenes cubren materias básicas de college en 33 tópicos, repartidos en cinco áreas: historia y ciencias sociales, composición y literatura, ciencia y matemáticas, negocios, e idiomas del mundo.

La ventaja es que pasar un examen con CLEP, puede ahorrarle a su hijo o hija más de 100 horas de tiempo de clase y tareas y hasta $1.200 en el valor del curso (tuition).

¿Cómo se ve el CLEP en un transcript de college? Aparece como una materia aprobada, que, al no tener un grado, no incide ni para bien ni para mal en el GPA total.

**Tip:** *Si su hija o hijo está considerando estudiar medicina, dentistería o veterinaria, es mejor que en sus transcripts de college no aparezcan muchos créditos ganados a través de CLEP.*

Por lo general, los graduates schools prefieren aceptar a quienes cursaron las materias en el college de forma tradicional. Si tiene dudas al respecto, revise la política de las universidades en las que estaría su estudiante interesado en aplicar para hacer alguna de estas carreras, tras culminar su etapa de college.

*¿Hay un límite de créditos académicos que se pueden tomar en high school?*

Si, cada college y universidad tiene un límite en el número de créditos ganados en high school. Mi consejo es que revise la política de las instituciones en las que su hijo o hija están pensando aplicar, antes de hacerlo.

## Sistema de grados o calificaciones en high school

El sistema de calificación de grados puede variar de acuerdo al high school. Sin embargo, este es uno de los más usados en el país:

| Grado | Valor numérico % | Interpretación verbal | Valor del grado en puntos |
|---|---|---|---|
| A | 90-100 | Progreso sobresaliente | 4 |
| B | 80-89 | Progreso por encima del promedio | 3 |
| C | 70-79 | Progreso promedio | 2 |
| D | 60-69 | Progreso mínimo aceptable | 1 |
| F | 0-59 | Sin progreso | 0 |
| I | 0 | incompleto | 0 |

### Tipos de GPA o promedio de notas

**El GPA** es el Grade Point Average (promedio de notas). La mayoría de los high school del país usualmente lo calculan en una escala de cuatro. Lo que significa que los promedios no tienen un límite superior a ese número.

*¿Pero entonces, por qué se ven GPA superiores a 4.0, si este es el límite?*

Porque no todas las materias tienen el mismo peso dentro del promedio de notas. No es lo mismo sacar una A en una clase regular, que en una en honores o en una clase AP, donde la rigurosidad académica es mayor.

Los estudiantes que deciden tomar clases avanzadas son premiados con un sistema de puntos adicionales que, aunque puede variar de acuerdo con el high school, en términos generales es así:

| Grado en letra | Grado en puntos | Bonos para Honors, Pre-AICE y Pre-IB | Bonos para AP classes | Bonos para IB Program AICE Program |
|---|---|---|---|---|
| A | 4 | 1 | 2 | 2 |
| B | 3 | 1 | 2 | 2 |
| C | 2 | 1 | 1 | 1 |
| D | 1 | 0 | 0 | 0 |
| F | 0 | 0 | 0 | 0 |

Entonces para diferenciar esto se han creado dos tipos de GPA:

- **Unweighted:** *es el promedio simple, que le da el mismo valor a todas las clases, no importa el tipo.*

- **Weighted:** *es el promedio compuesto, que incluye los bonos ganados en las clases de pre-AICE, pre-IB, honores y AP.*

*¿Qué es mejor, tener una A en una clase regular o una B en una de honores o AP?*

Esta es una pregunta muy usual. Mi respuesta corta: es mejor una B en una clase de honores o AP que una A en la misma clase, pero regular. Porque:

- *El estudiante se empieza a familiarizar con el currículo de college.*
- *Las universidades, en las que aplicará, verán a través de los transcripts, que es un estudiante motivado para aprender y que le gusta exigirse a sí mismo, académicamente.*
- *Puede llegar a conseguir créditos académicos para el college, si presenta y pasa el examen AP o si la clase de honores es dual enrollment y saca una buena nota.*

*¿Para qué sirve el GPA?*

El GPA o promedio de notas le sirven **a las escuelas para:**

- *Premiar a los mejores estudiantes durante la graduación.*
- *Establecer el rank (orden de estudiantes de acuerdo a sus notas) de cada clase.*
- *Reconocer con el honor roll y otras distinciones a los alumnos más destacados.*

*Y a los estudiantes para:*

- *Acceder a becas y pasantías.*
- *Obtener descuentos en el pago del seguro del automóvil.*
- *Ser admitidos a la universidad.*

## Exámenes estandarizados

A lo largo del high school su hijo o hija, encontrará muchísimos exámenes estandarizados. Como cada estado tiene sus propios parámetros, solamente voy a hablar de los que se toman a nivel nacional desde noveno grado.

| Test | Organización | Secciones | Grados | Puntaje | Validez para admisión a college |
|---|---|---|---|---|---|
| **ACT** American College Test | ACT American College Testing Program https://www.act.org/ | **Cuatro secciones**: inglés, matemáticas, lectura y ciencia y una opcional con ensayo | 11 y 12 | 1 a 36 puntos en total | Si |
| **ACT ASPIRE** | ACT American College Testing Program https://www.act.org/ | **Cinco secciones**: Lectura, inglés, matemáticas ciencia y escritura | 9 y 10 | Cada sección tiene un score que va de 400 a 460 puntos | No |
| **SAT I** Suite for Assessments | The College Board https://www.collegeboard.org/ | **Tres secciones:** Lectura & escritura matemáticas y ensayo (opcional) | 11 y 12 | • 400 a 1600 puntos en total<br>• 200 a 800 por cada sección<br>• 3 a 8 puntos por el essay | Si |
| **PSAT** Preliminary Scholastic Aptitude Test | The College Board https://www.collegeboard.org/ | **Dos secciones:** Lectura & escritura y matemáticas | 9 | • 240 a1440 puntos en total<br>• 120 a 720 puntos por cada sección | No |
| **PSAT y PSAT/ NMSQT** | The College Board https://www.collegeboard.org/ | El PSAT/NMSQT **tiene cuatro secciones:** lectura, escritura & lenguaje, matemáticas con calculadora y matemáticas sin calculadora | 10 y 11 | • 320 a 1520 puntos en total<br>• 160 a 760 puntos por cada sección | No |

| | | | | | |
|---|---|---|---|---|---|
| **SAT II Subjects** | The College Board https://www.collegeboard.org/ | Las secciones dependen del subject elegido | 9, 10, 11 y 12 | 200 a 800 por cada subject | Si |
| **CLT *** The Classic Learning Test | CLT https://www.cltexam.com/home | **Tres scciones:** lectura, escritura y matemáticas | 11 y 12 | 0 a 120 | Si |
| **CLT10** | CLT https://www.cltexam.com/home | | 9 y 10 | 0 a 120 | No |
| **AP** Advanced Placement | The College Board https://www.collegeboard.org/ | Depende del AP que sea | 9, 10, 11 y 12 | 1 a 5 puntos en total | No |
| **TOEFL** Test of English as a Foreign Language | ETS https://www.toefl.org/ | **Cuatro secciones:** auditiva, oral, lectura y escritura | Para quienes su primera lengua o el idioma que se habla en casa no es inglés | 0 a 120 puntos en total | Si, para estudiantes internacionales |
| **IELTS** International English Language Testing System | IELTS https://www.ielts.org/ | **Cuatro secciones:** auditiva, oral, lectura y escritura | Para quienes su primera lengua o el idioma que se habla en casa no es inglés | 1 a 9 puntos en total | Si, para estudiantes internacionales |
| **Duolingo** ** | Duolingo https://englishtest.duolingo.com/es | **Cuatro secciones:** auditiva, oral, lectura y escritura | Para quienes su primera lengua o el idioma que se habla en casa no es inglés | 1 a 100<br>En total | Si, para estudiantes internacionales |

* **El CLT** es un nuevo examen estandarizado, que le está haciendo la competencia al SAT y ACT. Dentro de sus ventajas están: es online y aunque el estudiante se desplaza a un lugar determinado, lo puede tomar desde su tableta o laptop. Además, los resultados salen inmediatamente y enviarlos a las universidades no tiene ningún costo. En este link encontrará una lista de las instituciones que lo aceptan https://www.cltexam.com/colleges

** **Duolingo** es un nuevo exámen de certificación de idiomas, que cada vez es más aceptado dentro del proceso de admisiones. A diferencia de TOEFL y del IELTS, se puede presentar desde la casa o en cualquier lugar en el mundo, es más económico, en la actualidad solo vale $49, y los resultados están disponibles en 48 horas. Aquí hay una lista de las instituciones que lo aceptan, que estoy segura, irá creciendo: https://englishtest.duolingo.com/institutions

## ¿Por qué es importante tomar el PSAT/NMSQT en 11 grado?

Aunque no en todos los highs schools del país es mandatorio tomar el PSAT/NMSQT en el Junior year o grado once, es altamente recomendable. Tanto el National Merit, un afamado programa de becas, como el National Hispanic Recognition Program, utilizan los resultados de esta prueba para encontrar candidatos.

De igual manera, en el resume de cualquier estudiante se verá extremadamente bien, haber ganado cualquiera de estos dos reconocimientos, lo que maximizará sus opciones de ser admitido en un buen college o universidad.

Usualmente este examen se presenta en septiembre u octubre cada año. Si en la escuela de su hijo o hija no es obligatorio tomarlo, es importante que el estudiante hable con el counselor, CAP advisor o Testing Chairperson y le pida hacerlo. Lo más seguro es que va a tener que pagar el costo del examen.

## ¿Cuál es la diferencia entre el SAT y el ACT y cuál debe tomar mi estudiante?

Esta es una pregunta muy común, que usualmente se contesta cuando el estudiante ha tomado los dos exámenes y ha identificado en cuál le va mejor. Sin embargo, voy a tratar de darle elementos para que su hijo o hija vea, al menos, por cuál de los dos empezar:

*Similitudes*

- *Ambos exámenes son válidos para acceder a la educación superior en Estados Unidos.*
- *Las universidades no tienen preferencia ninguno de los dos.*
- *En ninguno se penalizan las respuestas incorrectas.*
- *Tomar el essay, es opcional.*
- *Los dos exámenes cuestan alrededor de $50, sin incluir la parte del essay, y necesitan de una gran preparación para presentarlos.*

*Diferencias*

| SAT | ACT |
|---|---|
| • No tiene sección de ciencia<br>• Lo recomiendan para quienes trabajan despacio, leen mucho y tienen un vocabulario fuerte<br>• Tiende a evaluar más el pensamiento crítico.<br>• Considera el adversity score | • Incluye una sección de ciencia<br>• Lo recomiendan para quienes trabajan rápido, especialmente en matemática y ciencia<br>• Tiende a evaluar más el conocimiento y las preguntas tienen similitud con los tests de la escuela |

**¿Qué es el SAT adversity score?**

Es un nuevo factor que el College Board empezó a incluir en los resultados de los estudiantes que tomen el SAT y que solo las universidades podrán ver. El objetivo es ayudar a los aspirantes con menos recursos ecónomicos a ser admitidos a la universidad.

La idea es que las instituciones, adémas del puntaje que el estudiante saque en las pruebas de inglés y matemáticas, conozcan también sus circuntancias socio-economicas, dándole una calificación númerica a los siguientes aspectos:

### 1. Ambiente en el vecindario

- *Tasa de criminalidad.*
- *Tasa de pobreza.*
- *Valor de las casas.*
- *Tasa de casas desocupadas.*
- *Tasa de desempleo.*
- *Porcentaje de familias con food stamps (cupones de alimentos).*
- *Promedio de ingresos de las familias.*

### 2. Ambiente familiar

- *Ingreso familiar.*
- *Si ese estudiante ha sio criado por un padre o madre soltero.*
- *Si ese estudiante es hijo de padres que no hayan ido a la universidad.*
- *Si en la casa se habla un idioma distinto a inglés.*

### 3. Ambiente de high school

- *El tamaño de la clase de Senior year.*
- *La rigurosidad del curriculo que ofrece.*
- *La tasa de estudiantes con almuerzo gratis o reducido.*
- *Cuántas clases AP se ofrecen y el promedio de estas tomadas por cada estudiante al graduarse.*

La medición se hace de 0 a 100 puntos, donde el mayor puntaje lo tendrán los estudiantes menos privilegiados. ¿De dónde saca la información el College Board? de la aplicación que llena el estudiante al registrarse para tomar el SAT y de la oficina del Censo, principalmente.

Esta noticia, dada a conocer el 16 de mayo del 2019, ha levantado una gran controversia nacionalmente. Porque si bien ayuda a los estudiantes con menos recursos, aquellos de clase media y alta, posiblemente terminen penalizados por circunstancias socio-económicas ajenas a su control, dejando de lado su capacidad acádemica, por lo que podrían terminar por deshechar el SAT y elegir tomar el ACT.

De igual manera, llama la atención, el hecho que no se haya incluído en este score una variable tan importante, como la discapacidad mental, visual o física. Un aspecto que, a mi juicio, es muy relevante para conocer la realidad de los estudiantes, a los que las universidades están evaluando.

### ¿Qué es el superscore?

La mejor manera de explicar el superscore, es a través de un ejemplo. Mauricio está en el grado once y tomó el SAT en enero y en marzo y estos fueron sus puntajes:

| Sección | Enero | Marzo | Superscore |
|---|---|---|---|
| Reading and writing | **640** | 600 | **640** |
| Math | 600 | **620** | **620** |
| TOTAL | 1,240 | 1,220 | **1,260** |

Básicamente es tomar el mejor puntaje de cada sección presentada y sumarlos. Lo mismo sucede con los puntajes del ACT, a los que también se le puede hacer superscore.

> **Tip:** *Aunque la mayoría de los colleges y universidades del país aceptan el superscore, siempre es mejor chequear antes sus políticas al respecto.*

### ¿Qué es eso de test optional?

Para nadie es un secreto el stress que generan los exámenes SAT y ACT en los hogares de los adolescentes. La inversión en tiempo y dinero en preparación es alta y con frecuencia los resultados no son los esperados.

Es el caso de Patricia, que le pagó a un tutor de matemáticas privado alrededor de $3.000 y no pudo aumentar su puntaje en el SAT.

Lo cierto es que hay una tendencia en el país, cada vez más creciente, de darle la opción al estudiante de incluir o no los puntajes de sus exámenes estandarizados dentro de su solicitud de admisión.

Entonces bajo estas circunstancias, ¿Quiénes deberían incluirlos? pues aquellos que están seguros de que sus puntajes impactarán positivamente en su aplicación. Es decir, estudiantes que hayan sacado un puntaje superior o muy superior. Si la universidad es muy selectiva, es decir que sus requerimientos de admisión son muy altos (tanto académicamente como extracurricularmente) y es test optional, recomendaría solo someterlos si están por encima de los 1.400 en el SAT y los 30 en el ACT.

En la actualidad algunas universidades que tienen test opcional son: University of Chicago, Bowdoin College, George Washington University, Pitzer College, Wake Forest University y Brandeis University. Para ver una lista más completa visite este website: https://www.niche.com/colleges/search/best-test-optional-colleges/

> **Tip:** *Recuerde que al no incluir los puntajes del SAT o el ACT, le estará dando mucho más peso al GPA y las actividades extracurriculares dentro del proceso de admisión.*

### ¿Qué es eso de test flexible?

Muchos colleges y universidades son «test flexible», es decir que aceptan los puntajes de otros exámenes, como los SAT subjects, AP y/o IB, para reemplazar el SAT o el ACT.

Entre las universidades que aceptan esta modalidad están: New York University, Middlebury College, Drexel University y University of Rochester.

### ¿Cómo funciona la sustitución de SAT/ACT por el GPA/Rank?

Algunos colleges y universidades están aceptando que los estudiantes no envíen sus scores del SAT o del ACT, si cumplen unos determinados requisitos de GPA o rank de la clase (clasificación que hace la escuela de los mejores estudiantes por notas, por ejemplo, top 5%).

De no cumplir con estos requisitos, el estudiante deberá solicitar la admisión de la manera tradicional, incluyendo sus puntajes de SAT o ACT.

Entre las instituciones que ofrecen una política de sustitución de GPA/Rank están UT Austin, Texas A&M y Washington State University.

### ¿Es necesario tomar el SAT/ACT con essay?

Si bien tanto en el SAT como el ACT, el essay es opcional, aún varias universidades siguen requiriéndolo dentro del proceso de admisión. Una de ellas es el Sistema de la Universidad de California, aunque hay fuertes rumores que próximamente podría dejar de hacerlo.

Una de las razones por las cuales cada vez más instituciones están retirando este requisito, es por el costo del examen, pues es adicional al del ACT y SAT y lo debe asumir el estudiante.

### ¿Cuántas veces se deben tomar el SAT y el ACT?

Esta respuesta es muy subjetiva. Sin embargo, los expertos coinciden en que no se debe presentar más de tres veces cada uno. Lo ideal es empezar a tomarlos en el junior year.

### ¿Cómo se registra mi estudiante para tomar estos test, necesita aprobación de su escuela, hay que pagar?

Su hijo o hija no necesita ninguna aprobación de la escuela para presentar el ACT y/o el SAT. Sencillamente debe entrar a las páginas del ACT y del College Board, abrir una cuenta, registrarse y pagar el valor del examen. Si su estudiante está en una escuela pública y tiene almuerzo gratis o reducido, podría pedir, a través del counselor de la institución, un waiver o perdón, para no tener que pagar por el examen.

### ¿Qué son los SAT II o SAT Subjects y cuándo se toman?

Son exámenes que buscan determinar el conocimiento del estudiante en un tema particular. Son requeridos por universidades muy selectivas, como MIT, Harvard, Georgetown, entre otras, adicionalmente al SAT.

La institución puede pedir dos o tres subjects, cuyos exámenes se pueden tomar, en forma individual el mismo día, a través de un proceso de registro con el College Board, similar al del SAT.

Se paga una inscripción base y se adiciona el valor de cada test. Presentar tres de ellos un mismo día, puede costar alrededor de $100. También para estos exámenes se puede solicitar un waiver, a través del counselor del colegio.

En algunos colleges y universidades, si el estudiante incluye los resultados de su ACT en el proceso de aplicación, no está obligado a cumplir el requerimiento de los SAT subjects. Debe revisar la política del college en el que va a aplicar su estudiante al respecto.

**Tip:** *Recuerde que no se puede presentar los SAT subjects y el SAT test el mismo día.*

**¿Mi hija tiene algunos problemas presentando exámenes, podría aplicar para tiempo extendido?**

Tanto el SAT como el ACT tienen la opción de acomodarse a las circunstancias especiales de algunos estudiantes.

A la hora de presentar los exámenes, esto puede traducirse, entre otras cosas, en un 50% o 100% más del tiempo normal en el momento de presentar el examen.

Hable con el counselor de su hijo o hija sobre esta posibilidad. La clave aquí es hacerlo tan pronto empiece el high school, porque es un proceso demorado y solamente a través de la escuela, es que se puede hacer esta solicitud.

## Actividades extracurriculares

Las actividades extracurriculares en high school constituyen una parte muy importante del sistema educativo estadounidense. No se trata de que su hijo o hijo participe en todas ellas, simplemente que trate de sobresalir y sobre todo disfrutar algunas de ellas.

Entre las actividades están los clubs, los honors societies o sociedades de honor, los deportes y los proyectos comunitarios, todos los ampliaremos en el siguiente capítulo.

## Premios y distinciones

Los awards o (premios) son elementos muy importantes dentro de la vida escolar de cualquier estudiante de high school. Mi recomendación es que al empezar el grado nueve, identifique cuáles son ofrecidos por la institución y los requerimientos para ganarlos. Estos premios no solamente van a fortalecer el resume de su estudiante, sino su aplicación a la universidad y pasantías scholarships.

Otra consejo es que chequee los reconocimientos que organizaciones comunitarias de su ciudad, hacen a buenos estudiantes, al igual que la alcaldía, la policía y el departamento de bomberos local.

Si tiene alguna duda, pídale a su estudiante que hable con el counselor o con el CAP advisor de su high school.

## Selección de high school

Durante este capítulo hemos visto los distintos tipos de escuelas y de programas en high school. Ahora espero darle algunas recomendaciones puntuales para que, junto a su estudiante, elijan la mejor secundaria en el que él o ella puedan desarrollar su máximo potencial.

### 4 recomendaciones para escoger el mejor high school para su hijo o hija

1. Al empezar octavo grado, elaboren una lista con todas las alternativas de escuelas de high school a las que su estudiante le interesaría asistir.

2. Investíguenlas y si tienen oportunidad asistan a los «open house» que realizan. Es una excelente oportunidad de conocer la escuela por dentro, los maestros y los prospectos de estudiantes que están considerando también ir allí.

3. Depuren la lista inicial y con las escuelas que más les gustan, hagan un cuadro, similar al de abajo, que incluya factores cuantitativos como localización, énfasis académico, número de clases de AP y de honores disponibles (cuántas de estas con dual enrollment), actividades extracurriculares y costo.

4. La decisión final va a salir de la evaluación que haga de esos datos y que se traduzcan en los pros y contras, que obviamente, no serán los mismos para todos los estudiantes.

**Tip:** *La mayoría de los high school en el país tienen en la página web su profile, en donde revelan la información sobre los AP, clases de honores y dual enrollment que ofrecen, el promedio de los scores de SAT y/o ACT que han sacado los estudiantes, etc. Siempre vale la pena revisarlo, para poder hacer comparaciones. Si no lo tiene, llame directamente a la escuela y pregunte.*

Miguel está buscando el mejor high school para él y estás son las opciones que más le gustan:

| Escuela | Localización | Énfasis académico | AP y clases de honores | Actividades Extracurriculares | Costo | Pros | Contras |
|---|---|---|---|---|---|---|---|
| Privada | 20 millas de la casa | Tradicional | • 20 APs<br>• 20 Honors classes<br>• 10 con dual enrollment | Muy buenos clubs y deportes | $15.000 al año + Inscripción | • Tiene un buen equipo de soccer<br>• Muchas clases AP y Honors | • Hay que pagar<br>• No se puede ir caminando, por lo que hay que buscar un medio de transporte |
| Pública | 1/2 milla de la casa | Tradicional | • 10 APs<br>• 10 honors class<br>• 5 con dual enrollment | Algunos clubs, pero no tiene deportes | Gratis | • Cerca<br>• Gratis<br>• Con amigos del barrio | • Pocas clases AP y honors<br>• Es muy nueva aún y no tiene buenas actividades extracurriculalres |

# 2

# Aterrizando en high school: los mapas de ruta para recorrer la primera mitad del camino

## Freshman y Sophomore years

La transición de octavo a noveno grado, no solo es pasar de un año a otro, sino cerrar una etapa y empezar otra, quizás una de las más importantes en nuestras vidas.

## ¿Qué puede esperar su hijo o hija de su nueva vida en high school?

- *Mayor carga académica.*
- *La posibilidad de seleccionar sus clases, aunque con relativa autonomía.*
- *Más niveles y variedad de clases.*
- *Mayor oportunidad de explorar áreas de interés específicas, tanto en la parte académica como extracurricular.*

- *El inicio de nuevas amistades y por ende el desarrollo de nuevas habilidades sociales.*
- *Más independencia y rebeldía.*
- *Un gran énfasis en la preparación para aplicar a college.*

Debido a que las recomendaciones para noveno y decimo grado son muy similares, aquí está el mapa de ruta para ambos:

## Mapa de ruta para Freshman & Senior years

Estos son algunos de los puntos más importantes, que debe discutir con su estudiante de noveno o décimo grado:

### A. Selección de clases

- *Ahora su hijo o hija podrá elegir las clases que quiere tomar, dentro de las ofrecidas por su escuela. Factores como los grados anteriores, el placement test (examen de colocacion) durante la admisión (si lo hubo) y las recomendaciones de los profesores, son indispensables para que su estudiante pueda tomar clases mas avanzadas.*
- *Si bien en noveno grado no hay mucho espacio aún para estas clases, aliente a su estudiante a preguntar qué cursos AP y honors ofrece su escuela a partir del décimo grado y anímelo a que tome las clases previas como Pre-AP y Pre-Honors y/o los pre-requisitos necesarios.*

### B. Importancia del GPA desde el primer día

- *El GPA (promedio de notas), es quizás el tema más importante de conversación con el estudiante que inicia noveno grado.*

- *Las calificaciones que obtenga en este grado se van a promediar con las de décimo y once y darán como resultado el GPA con el que aplicará a la universidad durante el primer semestre de su Senior year.*

- *Mientras que en los grados posteriores será más fácil desarrollar las actividades extracurriculares, que no se pudieron realizar en años previos. un GPA bajo desde noveno y décimo será mucho más difícil de subir en el Junior year.*

### C. Time management (manejo del tiempo)

- *Debido a que las cargas académicas y extracurriculares son superiores a las de middle school, es muy importante que hable con su estudiante, empezando noveno grado, sobre la importancia del time management.*

- *Pídale que se acostumbre a hacer listas con las actividades que debe realizar y sugiérale que empiece por las más urgentes.*

- *Este es el momento perfecto para que aprenda a no procastinar, es decir a no dejar para después, lo que puede hacer en ese momento.*

### D. Participación en actividades extracurriculares

Si el trabajo académico es extremadamente importante para las universidades, lo que el estudiante hace fuera de las aulas también lo es. Porque además de ser una radiografía de su personalidad, puede llegar a mostrar su liderazgo y su grado de compromiso con la comunidad que lo rodea.

Las actividades extracurriculares pueden realizarse en la escuela o fuera de ella.

| Actividades extracurriculares en la escuela | Actividades extracurriculares fuera de la escuela |
|---|---|
| Clubes | Deportes |
| Honors Societies | Servicio comunitario |
| Student government/council | Planes de verano |
| Deportes | Internships |
| Servicio comunitario | Baile |
| Tutorías | Música |
| Banda/coro/música | Teatro |
| Teatro | Tutorías |
| Clases en el verano | Viajes |

Vamos a hablar de algunas de las más importantes actividades extracurriculares, fuera y dentro de la escuela:

- ***Clubes***
    - *En Estados Unidos, los clubes son actividades extracurriculares de vital importancia en high school. En unos hacen trabajo comunitario, en otros se descubren talentos, por lo que pueden lle-*

*gar a ser una excelente forma de identificar una pasión.*

- *Motive a su estudiante a que conozca los clubs disponibles en su escuela y a que se inscriba en los que mas le interese. Esto requiere esfuerzo y tiempo, al asistir a las reuniones y eventos, pero valdrá la pena.*
- *Hable con su hijo o hija sobre la importancia de tener una participación oficial en el club, a través de una posición como presidente, vicepresidente, secretario, tesorero, etc. Además de desarrollar cualidades de liderazgo, esto le ayudará a ir construyendo su resume estudiantil.*
- *Tenga en cuenta que muchos clubs solamente aceptan nuevos miembros durante los primeros meses del año escolar.*
- *Encontrar un club que le interese, unirse a él temprano y permanecer durante todo high school, puede ser muy ventajoso para el estudiante: podría conseguir cartas de recomendación del maestro responsable para su aplicación a college. Además, a las universidades les encanta ver compromiso a largo plazo en las aplicaciones de los estudiantes.*
- *Algunos clubs dan la posibilidad a sus miembros de obtener horas comunitarias por medio de su participación en ellos.*
- *No todos los clubs son iguales. Algunos son exclusivos de la escuela y otros pueden ser a nivel local, estatal y nacional.*

- *Si su estudiante no encuentra en su escuela un club que verdaderamente le cautive, puede ser el momento de crearlo. Necesitará buscar a un profesor, que le sirva de sponsor (patrocinador) y compañeros que quieran pertenecer a él. La gran ventaja de esto es que como es su fundador, será su primer presidente y esto, además de ser una gran experiencia, se verá muy bien en su resume. Quiere ideas para clubs? en este website las encontrará: https://blog.prepscholar.com/best-clubs-to-start-in-high-school*

- **Honors Societies (Sociedades de Honor)**

  - *Tal y como su nombre lo indica, son sociedades de honor, que invitan a los estudiantes con que cumplan con los requisitos, a integrarlas.*

  - *Estos Honors Societies están en las escuelas y hacen parte de organizaciones nacionales.*

  - *El más importante es el National Honor Society (NHS) que, aunque puede tener un capítulo en middle school, es la participación en la escuela secundaria, la que se verá en el resume del estudiante.*

  - *Los requerimientos mínimos para pertenecer al NHS dependen de cada capítulo y generalmente son difundidos por los counselors entre los estudiantes al iniciar el décimo grado. (usualmente son tener un GPA alto, tomar clases de honores y participar en actividades extracurriculares).*

- *Anime a su hijo o hija a pertenecer a cualquiera de los Honors Societies de su escuela y que se convierta en (oficial). Estos le ayudará a desarrollar compromiso, trabajo en grupo y liderazgo.*
- *Adicionalmente, el pertenecer a ellas y cumplir con los requerimientos, puede traducirse en lucir el respectivo cordón el día de su graduación de high school (cada una está representada por un color distinto).*
- *A diferencia de los clubs, son netamente académicos y siempre están patrocinados por el profesor de la materia.*

- **Deportes**
  - *Los estudiantes que tienen talento para un deporte deben tratar de involucrarse activamente en el equipo de su high school, pues un buen desempeño en él, podría ser una excelente oportunidad para poder acceder a una beca universitaria.*
  - *Tenga en cuenta que usualmente los «try outs» se hacen antes de empezar el año escolar.*
  - *Anime a su estudiante a que establezca contacto con los coach (entrenadores) del deporte que practica, tan pronto sea admitido a la escuela. Esto podría permitirle que le inviten a participar en actividades de verano, relacionadas con ese deporte.*
  - *Es de suma importancia establecer una excelente comunicación con los coach, ya que son ellos los*

*que van a preparar y guiar a su estudiante durante el proceso, para poder entrar a un equipo universitario.*

- *Tenga en cuenta que el deporte no garantiza el ingreso a la universidad. El estudiante debe ser admisible académicamente a la institución para poder entrar en el equipo universitario.*
- *Los requerimientos para una beca universitaria, por deporte, varían de acuerdo a la universidad. Razón por la cual le aconsejo que se informen, desde los primeros años de high school acerca del proceso en las instituciones en las que le interesaría jugar.*
- *Aunque su estudiante no sea un atleta de alto rendimiento, siempre tendrá la posibilidad de hacer deporte en high school, de forma recreativa.*

- **Servicio comunitario**
  - *Freshman y Sophomore years, son los años perfectos para empezar con el servicio comunitario, dentro o fuera de la escuela. Simplemente pregúntele a su estudiante qué es lo que más disfruta hacer y convierta esa pasión en ayuda a los demás. Por ejemplo: —le gusta cantar o tocar algún instrumento: vayan una vez al mes a un adult care (lugar donde cuidan a personas mayores) y llévelas música, le aseguro que será una experiencia muy enriquecedora!*

- *Si le gusta pintar: vayan a ese mismo lugar, pídale a su hijo o hija que dibuje a los envejecientes y después que les regale el dibujo enmarcado en un cuadrito de la tienda de un dólar.*

- *Si le gusta el deporte: busquen donaciones en dinero para comprar pelotas y uniformes para llevarlos a los jóvenes de bajos recursos que hacen deporte.*

- *Si lo que le gusta es bailar: identifiquen lugares en su comunidad que trabajen con niños discapacitados y propóngales que su hijo o hija les dará clases de movimiento con música, por ejemplo.*

- *Si bien cada estado tiene requerimientos mínimos alrededor de las horas comunitarias que deben tener los estudiantes para graduarse de high school, lo más recomendable es hacer dos o tres veces esa cantidad.*

- *¿Por qué? Porque además de desarrollar un sentido de responsabilidad social, el estudiante podría incrementar sus chances de ser admitido en la universidad, especialmente si esta es muy selectiva, pues vería que no solamente pone esfuerzo en alcanzar sus propias metas, sino también las de la comunidad que le rodea.*

- *Invite a su hijo o hija a que cree su propio proyecto comunitario. Consiguiendo donaciones para la familia que se le quemó la casa, creando un grupo de jóvenes que ayuden a los mayores de bajos recursos a limpiar sus jardines, recogiendo libros para las bibliotecas etc.*

- *Sería excelente que el estudiante haga sus horas comunitarias, en algo relacionado con lo que quiere hacer en el futuro. Por ejemplo, Natalia quiere ser veterinaria y ella hizo su servicio comunitario en un refugio de animales.*
- *Si aún no tiene una idea clara para desarrollar, talvez pueda encontrarla en este website https://lancaster.unl.edu/4h/serviceideas.shtml*
- *Le aseguro que estos proyectos no solamente van a tener un gran impacto en el resume de su estudiante, sino en su vida.*

- ***Planes para el verano***

Los veranos en high school son muy importantes para el proceso de aplicación para college. Las universidades quieren ver la forma en la que el estudiante «invierte» su tiempo libre. La idea es que además de divertidos, sean productivos.

La planeación de los veranos en high school usualmente empiezan desde el final del año anterior. Trate de aplicar a varias opciones. Para que después pueda escoger la más conveniente para ustedes.

Algunos planes de verano para estudiantes de high school son:

| | |
|---|---|
| **Prestigiosos Summer Programs gratis** | • MITES (MIT) para quienes empiezan doce grado http://oeop.mit.edu/programs/mites<br>• RSI Research Science Institute MIT https://www.cee.org/research-science-institute<br>• TASP para quienes empiezan once grado https://www.tellurideassociation.org/our-programs/high-school-students/summer-program-juniors-tasp/<br>• SSP The Summer Science Program, para quienes empiezan doce grado https://summerscience.org/ |
| **Desarrollo extracurricular** | Desarrollar distintas actividades como, por ejemplo: liderazgo, deporte, arte, música. Pueden ser ofrecidos como Summer camps o de forma individual |
| **Tutorias** | Prepararse para alguno de los exámenes estandarizados que presentará en el otoño |
| **Clases** | • Tomar clases para mejorar los grados de high school<br>• Aprender o profundizar el conocimiento de un instrumento<br>• Tomar clases en algún tema de interés, a través de una plataforma virtual. Las dos más conocidas son:<br>* Coursera: https://es.coursera.org/<br>* EdX: https://www.edx.org<br>Verifique que le den alguna certificación, para que lo pueda incluir en el resume<br>• Aprender un idioma también puede fortalecer su resume |
| **Pre College** | • Tomar clases en community colleges y universidades que den créditos universitarios |
| **Trabajos pagos** | Supermercados, tiendas y restaurantes son buenas opciones para encontrar trabajo. Algunos exigen una edad mínima |
| **Interships** | Son pasantías, que pueden ser pagas o no aunque en high school usualmente no lo son |
| **Viajes** | Si tiene la oportunidad de viajar y hay colleges de su interés en el área, no deje de visitarlos |
| **Servicio comunitario** | Revise oportunidades de hacer horas voluntarias a nivel local y si no empezar un nuevo proyecto comunitario |

## E. Exámenes estándarizados PSAT - ASPIRE

- *Además de los exámenes estandarizados estatales, es decir aquellos que los estudiantes deben realizar a lo largo de su vida escolar para cumplir los requerimientos de cada estado, existen varias pruebas a nivel nacional, (que ya las vimos con detenimiento en el primer capítulo).*

- *En los grados noveno y décimo, los estudiantes pueden tomar el PSAT y el ASPIRE (una especie de Pre-ACT). Si su hijo o hija tiene la posibilidad de tomarlos en su escuela, invítele a hacerlo. Porque así podrá tener más tiempo para trabajar en las áreas en las que no siente mucha confianza, antes de presentar los exámenes definitivos.*

## F. Relación con el counselor (consejero)

- *En la mayoría de los high school del país, su estudiante tendrá el mismo consejero escolar desde el primer día de noveno grado, hasta que se gradué.*

- *De ahí la importancia que desde el principio establezca con su consejero una buena relación, porque será él o ella quien le escribirá la carta de recomendación para las universidades en el grado doce.*

- *El reto aquí es que, según el College Board, el promedio de estudiantes que tiene un consejero escolar en escuelas públicas es de más de 472 estudiantes. Por lo que su hijo o hija tendrá que ser muy constan-*

*te para hacerse notar en forma positiva y establecer con counselor una buena relación.*

## 8 recomendaciones para padres de un estudiante Freshman

1. Si ve capacidad en su hijo, motívelo a tomar clases AP y Honors. Es una forma de retarlo académicamente, que puede ser decisiva en su aplicación a college.

2. Hágale ver la importancia de participar en actividades extracurriculares en la escuela.

3. Explíquele cómo funciona y cuán importante es el GPA, desde el primer día de noveno grado, para sus aspiraciones universitarias.

4. Háblele sobre la importancia de desarrollar buenas relaciones con profesores, entrenadores y consejeros. Ellos serán las fuentes primarias de recomendaciones durante el proceso de aplicación al college.

5. Pídale que haga un seguimiento cercano a sus grados y si ve alguna inconsistencia anímele a que no sienta temor de hablar con el maestro. Cada nota cuenta y, aunque con mucho respeto, siempre hay que defenderla.

6. Al inicio del segundo semestre de Freshman year, empiece a buscar y a aplicar a programas de verano de acuerdo con su presupuesto e intereses de su hijo o hija.

Sino puede costear uno, conseguir un trabajo durante ese tiempo o donar tiempo en un proyecto comunitario, puede ser una buena alternativa. La razón: Los oficiales de admisiones en college ponen especial atención en lo que los estudiantes hacen durante sus veranos.

7. Motive a su hijo o hija para que se mantenga enfocado en alcanzar sus metas. Sugiérale hacer un poster, en el que represente lo que quiere hacer desde noveno grado hasta cuando se gradué. Y luego invítelo para que lo cuelgue en una pared de su cuarto.

8. Háblele a su estudiante de Raise.me. Un sistema de microbecas que le da dinero para ir a algunas universidades, a través de las clases y actividades que se van tomando a lo largo de high school. Le recomiendo que lo abra desde noveno grado —es gratis— y lo vaya llenando. Este es el link: https://www.raise.me/

## 8 recomendaciones para padres de un estudiante Sophomore

1. Ya su estudiante terminó su primer año de high school, siga estimulándolo para que participe en actividades extracurriculares. Sino le gustaron los clubes en los que estuvo en noveno, es el momento de involucrarse en nuevos, ahora que está en décimo.

2. La palabra compromiso debe afianzarse durante este año escolar. Déjele ver a su hijo o hija que su

palabra vale y que si se compromete a algo, debe cumplirlo.

3. Motívelo a que tome las clases más avanzadas posibles y hablen sobre las distintas maneras de obtener créditos académicos, a través del dual enrollment, exámenes AP y CLEP, explicados en el primer capítulo. Recuerde que la mayoría de los cursos avanzados se empiezan a ofrecer a partir de once grado, por lo que es muy importante que su estudiante haga esta selección con mucho cuidado, durante la primavera del Sophomore year. Si este puede con la carga académica, mi recomendación es que tome el mayor número de clases AP posible.

4. Aliéntelo a tener conversaciones constantes con su consejero, es clave mantener una buena relación con él o ella.

5. Sea un buen modelo para su Sophomore, que vea en usted a un ser humano bueno, organizado, dedicado y comprometido con su bienestar y el de los demás.

6. Edúquese sobre las actividades académicas y extracurriculares que tiene su estudiante, esto les dará muchos temas de conversación.

7. Motive su independencia, pero siempre dígale que usted estará allí por si le necesita.

8. Aunque los viajes a conocer universidades usualmente se hacen en Junior year, aproveche viajes familiares para conocer distintos campus. La mejor manera de

hacerlo es a través de visitas guiadas. Haga las reservaciones necesarias en el website de la institución, en la parte de visitas. Si no puede asistir, tómese el tiempo para cancelar con la universidad. Aunque no lo crea, esta omisión podría quitarle algunos puntos, si es que decide aplicar allí.

## Calendario para estudiantes Freshman y Sophomore

| Mes | Actividades |
|---|---|
| **Agosto** | • Durante la primera semana analice las clases, los maestros y el horario, porque si hay algún cambio que tenga que hacerse, este es el momento |
| **Septiembre** | • Explore las actividades extracurriculares que le ofrece la escuela, vaya a las primeras reuniones de los clubes que más le interesen<br>• Haga todo el trabajo académico lo mejor posible, para que su comienzo sea con el pie derecho |
| **Octubre** | • Haga un poster con las metas que quiere cumplir durante su primer o segundo año en high school<br>• Vaya a la oficina del consejero y preséntese si es freshman y así pueda empezar a construir una sólida relación con él o ella |
| **Noviembre** | • Aproveche el mes de Thanksgiving o Acción de Gracias, para hacer horas comunitarias, buscando donaciones de cenas o sirviéndolas a personas que lo necesitan |
| **Diciembre** | • Prepárese muy bien para presentar los exámenes finales del primer semestre y trate de terminar lo mejor posible |
| **Enero** | • Investigue potenciales programas y planes que le gustaría hacer en el verano.<br>• Organícelos con base en la fecha límite de aplicación<br>• Revise poster que hizo con las metas para el año y si requiere ajustes, hágalos |
| **Febrero** | • Empiece a aplicar para los programas de verano. Hágalo en varios, pues es mejor después escoger, que quedarse sin nada, porque aplicó solamente a uno y no le dieron la admisión |

| Marzo | • Piense en las clases que va a tomar durante el Sophomore year y busque aquellas que sean un reto académico para usted |
|---|---|
| Abril | • Considere la opción de visitar colleges durante el Spring break, sino puede viajar, aproveche para ir a las instituciones locales<br>• Tome las decisiones de lo que hará durante el verano |
| Mayo | • Tome los AP, si que es elegible para hacerlo<br>• Prepárese muy bien para presentar los exámenes finales del segundo semestre y trate de terminar lo mejor posible el año |
| Junio | • Actividades de verano |
| Julio | • Actividades de verano |

**Y ahora prepárese, que se va a montar en una montaña rusa llamada Junior year…**

# 3

# Navegando en high school: los mapas de ruta para recorrer la segunda mitad

*Junior y Senior years*

## Mapa de ruta para el Junior year

Este es quizá el año más importante y en el que su estudiante estará más ocupado y estresado durante su recorrido en high school. Estos son los puntos claves:

### A. Visitas a colleges y universidades

Planee visitas a las universidades y colleges locales.

*14 recomendaciones al visitar universidades en Estados Unidos*

1. **Haga un borrador con la lista de las universidades que le interesan.** Estados Unidos es un país muy grande, por lo que es importante ser realista con el

tiempo y los recursos económicos con los que cuenta.

2. **Elabore un plan tentativo de viaje.** Solo si las universidades están cerca entre sí, como por ejemplo Harvard y MIT que se encuentran en Cambridge, Massachusetts, es posible que pueda hacer dos universidades en un solo día, uno en la mañana y otro en la tarde. De otro modo es difícil que alcance a hacerlo. Normalmente las sesiones informativas son a las 10 AM y a las 2:00 PM y los tours por el campus son a las 11 AM y las 3:00 PM, así que destine entre dos y dos horas y media de su tiempo para estar en cada institución.

3. **Antes de comprar los pasajes y hacer los arreglos hoteleros, entre a las páginas de cada una de las universidades.** La mejor manera es ingresar al motor de búsqueda que use, por ejemplo, Google, y escribir el nombre de la universidad y las palabras undergraduate y visit.

4. **Vea el calendario de visitas de la universidad y reserve.** La mayoría de las universidades requieren previa inscripción para las visitas, es clave que le contesten, para asegurar la reserva. Revise si la escuela a la que le gustaría aplicar ofrece un tour o sesión informativa para sus prospectos, por ejemplo para la escuela de ingeniería o para la de business.

5. **Investigue si la universidad da la oportunidad de asistir a algunas clases.** En caso afirmativo, la lista aparecerá

en la sección de visitas a la universidad de la página web. Imprima la lista y escoja la que le interese.

6. **Imprima el mapa del campus de cada universidad e identifique la oficina de admisiones.** Normalmente la visita comienza allí, desde donde se dirigen a un auditorio para una sesión informativa, por parte de un oficial de admisiones. Luego se reparten en grupos pequeños, liderados generalmente por estudiantes, que conducirán el tour por el campus. El mapa le servirán para encontrar los salones de las clases abiertas al público y para ubicarse mejor cuando esté haciendo el tour.

7. **Prepare las preguntas cuyas respuestas no están en los folletos ni en el website de la institución** y hágalas al personal de admisiones o a los estudiantes que conducen los tours, estos últimos son la mejor fuente de referencia sobre la vida en la universidad.

8. **Trate de conseguir una cita con un consejero de admisiones** de la escuela a la que está aplicando, por ejemplo arquitectura.

9. **Si tiene la oportunidad hable con los estudiantes las cafeterias son un buen lugar para hacerlo.** Pregúnteles qué es lo que más les gusta de estudiar ahí, también lo que menos les agrada.

10. **Conozca la ubicación de los dormitorios.** Muchas universidades exigen que en el primer año los estu-

diantes vivan en el campus y usualmente los ubican en edificios cercanos al punto central de la universidad, para que empiecen a socializar. Pregunte si hay la opción de conocer un dormitorio durante su visita.

11. **Revise el pronóstico del tiempo antes de viajar** y con base en los resultados vaya preparado, pues el clima cambia mucho a lo largo y ancho del país.

12. **Antes de llegar al campus asegúrese de haber comido suficiente, llevar ropa y zapatos cómodos**, pues las caminatas pueden llegar a ser extenuantes, especialmente si se hacen en verano. No olvide llevar bloqueador solar y una botella de agua para evitar la deshidratación.

13. **Al llegar al hotel, escriba los puntos positivos y negativos de cada universidad.** Esto definitivamente le ayudará a tomar la mejor decisión en el momento de aplicar.

14. **Si no puede asistir, cancele las reservaciones.** Aunque no lo crea, muchos colleges llevan un registro de quienes no lo hacen.

### B. Creación de una lista de universidades

1. **Investigue**

Después de hacer una lista preliminar de universidades, conózcalas y compárelas. Para conocerlas, el mejor lugar es el website de la propia universidad, revisando el profile de los estudiantes Freshman (de primer año) admitidos, donde encontrará el perfil de quienes han sido aceptados allí. Después, compare las universidades de su interés. Un buen lugar para hacerlo es en el website de Education Trust, una organización sin ánimo de lucro. http://www.collegeresults.org/default.aspx

Además, si su familia gana menos de $50.000 al año, le recomiendo que vaya a Scholarmatcher, donde podrá comparar diversos programas de ayuda a estudiantes de bajos ingresos, minorías y de primera generación. https://scholarmatcher.scholarmatch.org/

2. **Clasifique**

Divida en tres categorías las universidades de la lista preliminar: reach, target y safety school. La diferencia, básicamente, está en las probabilidades de admisión, con base principalmente en los resultados del SAT/ACT y el GPA de noveno, décimo y onceavo grado de high school.

- **Reach school:** *también conocido como «dream school», es cuando los puntajes del estudiante que quiere aplicar están muy por debajo del que usualmente acepta esa universidad.*

- **Target school:** *también conocido como «realistic school», es cuando los puntajes del prospecto de estudiante son muy similares a los de los estudiantes admitidos por esa universidad.*

- **Safety school:** *también conocido como «likely school», es cuando los puntajes de los estudiantes admitidos por una universidad son menores a los del estudiante que quiere aplicar allí.*

3. **Escriba pros y contras**

Haga un cuadro, similar al que hizo cuando estaba buscando high school y otorgue puntos a cada categoría. Será una buena guía para organizar la información y tomar las mejores decisiones:

Veamos el caso de Luis. Él tiene un GPA de 3.7, un SAT de 1.360 y vive en Miami. Este sería el cuadro, con su análisis de dos de las universidades a las que le gustaría aplicar:

| College/ universidad | Tipo de escuela | Localización | Tamaño | Selectividad | Costo Tuition + room & board | Pros | Contras |
|---|---|---|---|---|---|---|---|
| Harvard University | Reach | Urbana<br><br>Boston/ Cambridge, MA | Mediana | 5.6%<br><br>Es decir que, de cada 100 aplicantes, 5.6 son admitidos | Privada<br><br>$73.800 | • Prestigio<br>• Excelente ayuda financiera<br>• Muy buenos programas<br>• Buen sistema de transporte público, no se necesita carro<br>• Me encanta la ciudad<br>• Muchos estudiantes de otros estados y países | • El clima muy frio en invierno<br>• La ciudad es muy cara<br>• Está lejos de Miami, muy caro ir a mi casa<br>• Es muy difícil ser admitido |
| University of Florida | Target | Semi-urban Gainesville, FL | Grande | 42%<br><br>Es decir que, de cada 100 aplicantes 42 son admitidos | Pública<br><br>$21.131<br>In State Florida Resident | • Cerca de Miami<br>• El Bright Future o beca estatal de mérito se puede aplicar allí y no tendría que pagar el tuition<br>• Muy buenos programas<br>• Una de las mejores públicas del país | • Está en una ciudad muy pequeña<br>• No hay muchos vuelos desde Miami y solo se puede ir en carro<br>• Eventualmente voy a necesitar comprar carro<br>• Pocos estudiantes de otros estados y países<br>• El proceso de admisión es difícil |

4. **Decida**

¿A cuántas universidades aplicar? mi recomendación es que no sean más de nueve. Tres por cada categoría. Si va a aplicar a un número distinto, trate siempre que cada categoría esté igualmente representada.

A la hora de aplicar tenga en cuenta el costo de las aplicaciones, que entre lo que se le paga a la universidad, al College Board o al ACT por enviar los resultados del examen y otros gastos como el envío del CSS Profile, pueden estar en alrededor de $120 por cada una.

## C. Resume

- *El resume en high school es un elemento clave, no solo en el proceso de admisión, sino también en la aplicación para becas, trabajos e internships.*

- *Una vez tenga su resume, le será más fácil llenar la sección de las actividades en el Common Application o Coalition Application (las aplicaciones más usadas para college).*

- *Actualicelo cada vez que haya realizado una nueva actividad o ganado un reconocimiento.*

- *Si es deportista, es necesario elaborar un resume aparte, que refleje su rendimiento y reconocimientos. Tanto el académico como el deportivo tendrá que incluirlos en el proceso de admisión.*

Este modelo, de la Universidad de Texas, es uno de mis favoritos y por eso lo comparto con ustedes: https://diversity.

utexas.edu/schoolpartnerships/wp-content/uploads/2013/06/Expanded-Resume.pdf

| **Student's Full Name**<br>Street Address<br>City, State Zip Code<br>(h)713.000.0000/(c)832.000.000<br>Email Address | | |
|---|---|---|
| **EDUCATION**<br>Full Name of High School, City, State<br>GPA, Rank, PSAT, SAT, ACT: ONLY if you want to showcase them | | 2009 -2013 |
| **LEADERSHIP** | | |
| • Specific Activities where leadership is demonstrated | | 10, 11, 12 |
| • Activities may come from clubs, work, community service | | 11, 12 |
| • Activities may come from clubs, work, community service | | 11, 12 |
| • Leadership activity may have been one-time event | | 11 |
| • Use action verbs to describe activities<br>Organized...;<br>Designed and planned...; Elected... | | |
| **EXTRACURRICULAR ACTIVITIES** | | |
| Category 1(insert name- group related activities i.e.: Band) | | 9, 10, 11 |
| • Name of event/activity<br>Action verbs to describe – phrases only | 4 hrs/wk-20 wks | 9, 10, 11, 12 |
| • Activities may have been in school or outside of school | 2 hrs/wk-32 wks | 10, 11, 12 |
| • Use action verbs to describe activities<br>Participated in...;<br>• Use categories if you have multiple years/events in an activity<br>Athletics (example of second category) | 20 hours | 10 |

| | | |
|---|---|---|
| • List most recent and work backwards | | 11, 12 |
| • Same procedure as done with category 1 activity | | 10, 11 |
| • Categories not necessary if activities come from a variety of areas | | 9 |
| • Academic resumes may be multiple pages – it's the primary way colleges get to know you! | | |
| **COMMUNITY SERVICE** | | |
| • Same procedure as above | | 10, 11, 12 |
| **TALENTS/AWARDS** | | |
| • List, brief description if necessary, most recent first | | 11, 12 |
| • May come from school, work, community service, hobbies, etc. | | 11 |
| **WORK** | | |
| • Include only if applicable<br>• May include summer, part-time o intership<br>• Any paid work – office, retail, kid-sitting, pet-sitting, lawn service, etc. | | |
| **SUMMER ACTIVITIES** | | |
| • This category can be combined with Work/ Internships if everything is in the summer<br>• May include mission trips, camps, travel, taking care of siblings | | |
| **OPTIONAL CATEGORY TITLE** | | |
| • Use only if you want to highlight some special skills/events. Examples might include…<br>• Computer languages; Specialized computer software capabilities – C++, Java<br>• Multiple foreign languages; Special hobby – build dollhouses; design web pages<br>• Musical instruments; Graphic design capabilities – InDesign, Flash | | |

### D. Essay principal

- *Escribir es un oficio, entre más lo haga, mejor le saldrá. Por lo que es mejor empezar temprano en el Junior year a escribir el essay principal de su aplicación.*

- *Debido a que a veces los temas de los essays no salen «oficialmente», sino hasta agosto que se abre el periodo de aplicación, le recomiendo que su estudiante empiece a escribir sobre sí mismo, una experiencia que lo haya marcado y por qué quiere estudiar una determinada carrera. Esto le servirá, no solo para soltarse en la escritura, sino también para ir creando un banco de essays.*

- *Cuatro consejos de periodista:*
  - Cuente una historia, que capture la atención del lector desde el principio.
  - Use quotes, al principio o al final, pueden darle fuerza a su historia.
  - Ofrezca ejemplos y detalles, que lo que escriba tenga muchas descripciones.
  - Deje hablar la voz de su corazón.

- *Haga una lista de los suplementarios requeridos por las universidades en las que va a aplicar. Es decir, aquellos essays individuales que pide cada institución, aquí la palabra clave es: organización.*

- *Si va a reciclar essays, sea muy cuidadoso al hacerlo. ¿Hizo un essay muy bueno con las razones por las que quiere entrar a UCLA y lo quiere usar para NYU?*

*Piénselodos veces, no son las mismas universidades y obviamente no pueden ser las mismas respuestas. El copy & paste del reciclaje a veces juega malas pasadas y las universidades lo detectan. Trate de hacer todos los suplementarios con tiempo suficiente, para que cada uno tenga las respuestas que corresponden. Esa honestidad de su parte podría maximizar sus chances de ser admitido.*

### E. Evaluación para elegir carrera o career evaluation

- *Si su estudiante no tiene aún la seguridad de lo que quiere estudiar, un career evaluation puede ser una buena opción para ayudarle y este es el momento para hacerlo.*
- *Pregunte en la escuela a la que asiste si tienen ese servicio. Si no lo ofrecen, podría buscarle un profesional en psicología especializado o tomar algunas pruebas en la web, que aunque no son 100 por ciento confiables, podrían ayudarle. Algunos de estos recursos son:*
  - https://www.123test.com/career-test/index.php
  - https://www.princetonreview.com/quiz/career-quiz
  - https://www.truity.com/view/tests/personality-career

### F. Exámenes estandarizados SAT/ACT

Este es el momento de hacer un plan con las fechas tentativas para presentar el SAT/ACT y empezar a prepararse

## 9 recomendaciones para su estudiante durante el primer semestre (Fall ) de Junior year

1. **Para este momento ya tendrá sus clases asignadas, ojalá las más avanzadas.** Entonces la primera gran recomendación es que suba su GPA durante este año, todo lo que sea posible.

2. **Regístrese para tomar el PSAT en octubre,** en algunos colegios es obligatorio, pero en otros no. Hable con el consejero de su escuela o con el CAP Advisor y seguramente lo aprobará. Después tendrá que pagar el costo correspondiente. Tanto el National Merit, como el National Recognition Program, utilizan los resultados de esta prueba para premiar a los mejores estudiantes con scholarships.

3. **Pida una cita con el counselor** o con el CAP Advisor para hablar sobre su plan de aplicación a college y lleve las preguntas que tenga sobre el proceso.

4. **Comience a explorar las posibilidades de scholarschips,** vamos a ver algunas en el último capítulo de este libro. Mientras tanto, abra una cuenta en Tuition Funding Sources: https://www.tuitionfundingsources.com/ e identifique a cuáles becas podría calificar.

5. **Asista a ferias universitarias** para reunir información y hablar con representantes de varias colleges y universidades.

6. **Comience su investigación universitaria.** ¿Dónde le gustaría ir? ¿Qué le gustaría estudiar? Considere los requisitos de admisión, el profile de los estudiantes admitidos, el costo, la ubicación, los programas y el perfil del cuerpo estudiantil. Y después, empiece a elaborar un primer borrador de su lista de universidades.

7. **Regístrese para el SAT y ACT** a finales del primer semestre del grado once. Será una excelente forma de saber con cuál test se siente más cómodo y concentrarse en fortalecer los puntos más débiles, para presentarlo en el segundo semestre del año escolar.

8. **Continúe con sus actividades extracurriculares**, asuma responsabilidades adicionales y roles de liderazgo.

9. **Establezca una dirección de correo electrónico profesional** y manténgala constante durante todo el proceso de admisión a la universidad.

## 2 recomendaciones para su estudiante durante el Winter break de Junior year

1. **Revise lista preliminar de colleges en los que le gustaría aplicar** y empiece a planear cuáles de ellas podría visitar durante la primavera. Muchos high schools le dan a los Juniors unos días para visitar colleges, pregunte cuál es la política de su escuela.

2. **Este receso de vacaciones también puede ser una buena oportunidad para prepararse para tomar el SAT o el** ACT. Si tiene la oportunidad de hacerlo con un tutor, hágalo, sino es así, Khan Academy es una plataforma gratuita que le puede ayudar. https://khanacademy.org/. En Khan, los padres pueden abrir una cuenta e ir monitoreando el progreso de su estudiante. Otra ventaja de esta herramienta es que, si este presentó el PSAT, los resultados aparecerán allí y podrá trabajar de una manera más personalizada en las áreas que más necesita mejorar.

## 11 recomendaciones para su estudiante durante el segundo semestre (Spring) de Junior year

1. **Planee con tiempo el verano**
   Como ya lo había mencionado anteriormente, los oficiales de admisión tienen especial interés en la forma cómo los aplicantes invierten su tiempo en el verano. Explore junto a su hijo o hija las mejores opciones para las vacaciones de mitad de año. Si su presupuesto se lo permite, invítelo a que tome un programa de dos o tres semanas, con énfasis en lo que está pensando estudiar. Si no, conseguir un trabajo y hacer horas comunitarias, puede ser una excelente opción. Este es el último chance de fortalecer el resume antes de iniciar los procesos de aplicación en agosto.

2. **Tome el SAT y/o ACT**
   Si tomó el SAT o el ACT en el Fall regístrese para presentar el examen en el que le fue mejor nuevamente entre marzo

y abril y probablemente una vez más en junio, cuando termine el año escolar. La ventaja de presentar estos exámenes estandarizados durante el Junior year, es que, si saca un buen puntaje, va a poder aplicar a las universidades, tan pronto estas abrán sus inscripciones. Como varias son rolling basis, es decir que van admitiendo a los estudiantes elegibles, conforme se van inscribiendo, esto le daría a su estudiante la posibilidad de ser aceptado por una universidad tan pronto como en el Fall del Senior year.

3. **Depure su lista de Universidades**
   Es el momento de revisar su lista de universidades y sacar la definitiva con las que va a aplicar. No deje de incluir la universidad pública local, en muchos casos ese plan B, termina convirtiéndose en un maravilloso plan A.

4. **Analice los costos de las universidades de su lista**
   Este es el momento de revisar con cuidado tanto el tuition (matrícula), como los demás gastos relacionados. Esta información la encontrará en el website de la institución, donde dice Cost of Attendance (Costo de Asistencia). Haga un estimado de cuánta ayuda financiera podría la familia calificar en FAFSA4caster. En el capítulo sobre cómo pagar la universidad sin quebrarse, veremos con más detenimiento este tema.

5. **Haga una lista de essays y suplemetarios**
   Con la lista definitiva de universidades, comience a hacer otra lista: la de los essays y suplementarios requeridos por esas instituciones, como parte del proceso de admisión. En el Common Application, la aplicación

para college más popular, hay un essay común para todas las universidades y algunas de ellas piden escritos más específicos, que son llamados suplementarios. Escribir con responsabilidad en este momento, le puede dar espacio a muchos borradores interesantes, para producir un essay ganador. En el capítulo cuatro veremos los distintos tipos y tiempos de aplicación con mayor detalle.

6. **Tome los SAT Subjects, si es necesario**
   Si alguno de los colleges requiere que tome dos o tres Subjects del SAT, mayo o junio del senior year, puede ser una buena opción para hacerlo. Especialmente si está tomando la clase AP de ese mismo subject, la razón: va a tener los conocimientos frescos.

7. **Recomendaciones de maestros**
   Identifique dos o tres maestros, con los cuales tenga afinidad y le conozcan bien. Dígales que le gustaría que, llegado el momento, le hicieran una carta de recomendación para entrar a la universidad.

8. **Visite los colleges**
   El Spring break suele ser el tiempo en el cual los estudiantes Juniors visitan los campus universitarios, como ya lo vimos anteriormente. En la medida de lo posible, trate de no programar visitas los viernes, pues muchos estudiantes no toman clases ese día y los campus a veces se ven engañosamente vacíos.

9. **Investigue el Fly-in Program**

   Si el presupuesto no le alcanza para viajar a conocer personalmente las universidades, averigüe si las instituciones en las que quiere aplicar ofrecen el «Fly-in». Un programa por medio del cual invitan a algunos prospectos a un tour universitario, en muchos casos con todo pago. En este website encontrará una lista de los colleges y universidades que lo tienen:
   http://blog.collegegreenlight.com/blog/college-fly-in-and-diversity-programs/

10. **Haga tours virtuales**

    Otra opción son los tours virtuales, que aunque no es igual a visitar a las universidades físicamente, le servirá para conocer un poco más de cada institución.

11. **Abra una cuenta en ZeeMee**

    Muchas instituciones están haciendo de ZeeMee, parte del proceso de admisión. Esta es una aplicación en la cual los estudiantes se presentan a las universidades, a través de fotos y vídeos. http://colleges.zeemee.com/

## 11 recomendaciones para su estudiante durante el Summer previo al Senior year

Si su hijo o hija está terminando el Junior year, seguramente tanto usted como su estudiante estarán completamente exhaustos, después de un año extremadamente ocupado. Sin embargo, el descanso todavía no llega, porque en este verano aún se pueden hacer muchas cosas, que podrían maximizar los chances de entrar a la universidad. Como, por ejemplo:

1. **Transcripts oficiales y no oficiales**

    - *Una vez terminado el once grado dígale a su estudiante que pida los transcripts oficiales, es decir el resumen de notas, de los tres años de high school que ha completado. La idea es que revise si las notas, el GPA, la asistencia y las actividades extracurriculares, como los deportes y honors societies, están correctos.*

    - *Este es el documento que la escuela enviará a las universidades, por lo cual este es el momento de revisar que todo esté bien y si no lo está, pedir en la escuela que lo corrijan.*

    - *Si el estudiante tiene un número de Seguro Social, este debe aparecer en el transcript. Es necesario confirmar con el high school, si tiene la información correcta.*

    - *La diferencia entre transcripts oficiales y no oficiales, es que los primeros son los que las escuelas envían a las instituciones electrónicamente o en un sobre cerrado con un sello de seguridad, que al abrirse pierde la oficialidad. Los segundos se usan más para propósitos informativos y para algunas becas.*

    - *La información de estos transcripts será de gran ayuda en el momento de llenar las aplicaciones para college.*

**Tip:** *Dígale a su estudiante que le solicite a su counselor o al registrar (dependiendo de la escuela) el* **envío de los transcripts a las universidades,** *al menos un mes antes de la fecha límite de aplicación. Aunque el proceso sea electrónico puede demorar bastante e impactar negativamente sus chances de admisión.*

2. **Horas comunitarias**

¿No tiene su estudiante las horas comunitarias requeridas? Este es el momento de completarlas o de iniciar su propio proyecto comunitario.

3. **Cursos online gratis**

El verano puede ser el tiempo perfecto para que su hijo o hija tome cursos relacionados con lo que quiere estudiar o de idiomas. Esto, además de ser un gran aprendizaje, le ayudará a completar su resume. Los mejores lugares para hacerlo son Coursera https://es.coursera.org/ y edX https://www.edx.org/

4. **Resume**

Termine el resume y trate  que no sea de más de dos hojas. Aunque personalmente, prefiero que sea solo una.

5. **Redes sociales y correo electrónico**

Revise sus redes sociales y si encuentra algo inapropiado, es el momento de borrarlo. Aunque no lo crea, muchos oficiales de admisiones las revisan, cuando están tomando una decisión acerca de una aplicación. De igual manera, analice la dirección de su correo electrónico y si no es muy profesional, este es su último chance de cambiarla, antes de empezar los procesos de aplicación.

6. **Plan de aplicación**

Es necesario estructurar un plan de aplicación, con las universidades y las carreras a las que su estudiante va a aplicar. Cuándo lo va a hacer y cuánto va a costar (incluya los gastos de aplicación, el envío de los puntajes en el SAT/ACT, el CSS profile, etc). Este es el momento de abrir las cuentas en las páginas de las aplicaciones e ir llenando la información que se pueda. Esto ahorrará mucho tiempo durante el proceso.

> **Tip:** *Si su ha tenido waiver para el pago del SAT/ACT, podría tenerlo también para el pago del envío de los puntajes a las universidades, consulte con el counselor de su escuela.*

7. **Reunión familiar**

Es muy importante que, como familia, hagan un recuento de los recursos económicos disponibles, para la educación de su estudiante.

8. **Lista de becas para aplicar**

Durante el último año de high school surgen muchísimas posibilidades de becas. Hagan una lista de cuales le gustaria aplicar y ordénelas por el mes que se vencen. Dado que el primer semestre de Senior year va a ser muy ocupado con las aplicaciones a college, traten de llenar las solicitudes de las becas durante el verano y como muchas de estas requieren el envío de transcripts, le recomiendo que antes que termine el año escolar pida varias copias..

9. **SAT/ACT**

Si aún el puntaje de su estudiante en el SAT o ACT no es el que necesita, todavía tiene la oportunidad en agosto y septiembre de presentarlos de nuevo. Dígale que aproveche el verano para prepararse a conciencia, para que pueda salir muy bien de esta prueba.

10. **Escribir, escribir y escribir**

Durante el verano deben quedar escritos y listos tanto los essays como los suplementarios. Si tiene la opción de pagar algún servicio para que los revisen, hágalo. Si no siempre está la opción de dárselos al maestro o maestra de inglés al comenzar el Senior year y pedirle el favor de que lo haga.

11. **Portfolio**

Aunque no vaya a estudiar algo relacionado con arte, pero tiene talentos y destrezas especiales, considere hacer un portfolio y adicionarlo a su aplicación.

Si va a estudiar arquitectura o arte, su portfolio es una pieza clave en el proceso de admisión, por lo que deberá estár listo en el verano previo al Senior year.

## Mapa de ruta para el Senior year

Ya llegó el último año de high school y tanto su estudiante como usted, se sienten emocionados con el futuro. En este momento, la palabra clave es **organización.**

## 16 recomendaciones para su estudiante durante el primer semestre (Fall) del Senior year

1. Pida las **recomendaciones** de los maestros durante la primera semana de clases, cuando aún no están muy ocupados escribiendo otras. Escríbales un email con su solicitud y anexe su resume. No olvide después de recibirlas, enviar una nota dando las gracias.

2. Si aún necesita subir su **SAT/ACT** tómelo comenzando el año escolar, para que pueda incluir el score en las aplicaciones.

3. Revise los **essays y los suplementarios**, aunque ya no hay mucho tiempo para escribir nuevos, si hay para corregir.

4. **Empiece a aplicar a las universidades** lo más temprano posible. Básese en el plan de acción que hizo y empiece por las aplicaciones que se vencen primero. Si quiere tener decisiones antes de terminar el año, aplique a las que son Rolling Admission, es decir a las que van dando el resultado conforme van llegando las aplicaciones y a las universidades que tienen Early Action y Early Decision, las cuales explicaré en el siguiente capítulo.

5. Como por lo general las decisiones de Early Decision salen en diciembre, es muy importante que, si es aceptado bajo esta modalidad, **retire sus aplicaciones** a las demás universidades, en un proceso llamado «withdraw». Simplemente el estudiante debe mandar un co-

rreo a la oficina de admisiones haciendo el retiro. Es de suma importancia hacerlo.

6. Trate de **no compartir** con sus compañeros los nombres de las universidades en las que está aplicando, especialmente si son muy selectivas. Entre menos aspirantes de una misma escuela haya, más posibilidades tendrán quienes apliquen.

7. Entre **más temprano** aplique a las universidades estatales, mejores serán los chances de entrar.

8. Si aplica a **Early Action o Early Decision**, debe aplicar antes del 1 de octubre, para tener la seguridad que toda la documentación la tendrá la universidad para el 1 de noviembre, que es la fecha límite.

9. La mayoría de las universidades tienen **programas honors**, a los cuales los estudiantes pueden ser invitados o aplicar por cuenta propia, una vez son admitidos. A diferencia de high school, no es que los cursos sean más difíciles, sino que ven clases adicionales, especialmente relacionadas con liderazgo, emprendimiento, responsabilidad social, etc. Yo recomiendo ampliamente estos programas. Generalmente viven en los mejores edificios de la universidad y tienen prioridad de registración en las clases. Hay un programa muy destacado que está en Jupiter, Florida y es el de Honores de Florida Atlantic University. El proceso de admisión es independiente a la universidad, se puede hacer en el Common App. Si vive en la Florida y su estudiante es elegible para el Florida

Bright Futures (beca estatal por mérito), el tuition sería gratis y solo tendría que pagar por el housing.

10. En muchas universidades, especialmente las estatales, es mejor aplicar al housing, (vivienda dentro de la universidad), simultáneamente que a la universidad. Muchas veces lo que se paga es reembolsable si el estudiante no es aceptado, pero si lo es, tendrá prioridad para escoger el dormitorio.

11. Si está planeando **jugar algún deporte** en college, familiarícese con los requerimientos de la NCAA y regístrese con NCAA Clearinghouse en www.ncaaclearinghouse.net

12. Aplique a cuanta **beca sea elegible**, en algunas no podrá aplicar por su cuenta, sino que tendrá que hacerlo a través de la escuela. Hable con su counselor sobre esto.

13. Tan pronto estén disponibles, complete el **FAFSA y el CSS Profile**, este último si es que la universidad lo requiere. En el capítulo cinco lo veremos con más detenimiento estas dos aplicaciones de ayuda financiera.

14. Si hizo actividades en el verano, **actualice el resume** y déjelo listo para incluirlo en las aplicaciones.

15. Trate de **conservar las buenas notas y asistencia**, recuerde que su escuela enviará a la universidad los transcripts del primer semestre de Senior year.

16. Finalmente, demuestre interés. Si tiene preguntas llame o escriba a la universidad. En la aplicación, haga lo mismo. No hay nada que le guste más a las instituciones que un estudiante motivado por asistir allí.

## 9 recomendaciones para su estudiante durante el segundo semestre (Spring) de Senior year

1. **Ya las aplicaciones están sometidas y los resultados empezarán a llegar entre febrero y marzo, usualmente.** Tenga paciencia y disfrute sus últimos meses con sus compañeros de clase.
2. **Es muy importante chequear todos los dias el correo usado en las aplicaciones (incluido el spam).** No solamente porque por ese medio se enviarán las respuestas, sino porque cualquier información adicional que necesitará la universidad, la pedirá también por ahí.

3. **Es el momento de no descuidar la escuela.** Cualquier aceptación de college puede ser revocada, si hay una baja significativa en las calificaciones.

4. **Siga aplicando a becas y revise las que ofrecen las universidades en las que solicitó admisión.** Algunas algunas requieren un proceso de aplicación aparte.

5. **Si está tomando clases AP, prepárese muy bien para los exámenes de mayo.** Pues de sacar un buen puntaje, podría no tomar esas materias en college.

6. **Una vez reciba las respuestas de las universidades y los paquetes financieros, analícelos con su familia** y tomen una decisión. Esto pasa usualmente en abril, pues el 1 de mayo es necesario pagar el depósito para asegurar el cupo de la universidad elegida.

7. **Tan pronto sepa a qué universidad va a asistir, empiece a mirar el tema del housing.** Si es obligatorio vivir en el campus universitario, aplique lo antes posible.

8. **Como se vienen muchas celebraciones, el prom, la graduación... Tenga mucho cuidado con lo que publica en las redes sociales.** Una mala decisión o mejor dicho una mala publicación, podría costarle la admisión a la universidad de sus sueños.

9. **Todas las universidades tienen un proceso de orientación con los estudiantes admitidos, en el cual ellos escogen sus clases con un advisor.** Entre más temprano en el verano agende esta orientación mejor. Así maximizará las posibilidades de escojer los mejores horarios y profesores.

**Felicidades, el college los espera!**

# 4
# Cómo funciona la educación universitaria en Estados Unidos

En América Latina los estudiantes se gradúan de high school e inmediatamente pasan a la universidad a estudiar una carrera.

En Estados Unidos, por el contrario, la mayoría de las carreras profesionales, solo empiezan tras haber hecho cuatro años de college y después de tener un Bachelor's degree. Es decir que en este país el proceso de educarse es mucho más largo y por ende más dispendioso y costoso que en Latinoamérica .

## Tipos de instituciones

| | Undergraduate school | Graduate school |
|---|---|---|
| Institución | Community colleges, colleges y universidades | Solo en universidades* |
| Programas ofrecidos | • Associate Degree: Associate of Arts (A.A.) y Associate of Science (A.S.)<br>• Bachelor's degree | • Degrees<br>• Master's degrees<br>• Doctoral degrees<br>• PhD degrees |
| Duración | • Dos años para el associate (60 créditos académicos)<br>• Cuatro años para el bachelor (120 créditos académicos) | Depende del programa |

* Hay algunos colleges que ofrecen graduate studies, pero no son muchos.

## ¿Cuál es la ruta para hacerse profesional en Estados Unidos?

Mientras que en América Latina las carreras profesionales tienen una duración promedio de cinco años, en Estados Unidos varia mucho. Vamos a ver algunos ejemplos:

- ***Medicina***

Nastassja quiere estudiar medicina y su camino a convertirse en médica en Estados Unidos es el siguiente:

- *4 años de college, en los que tiene que completar los cursos requeridos para aplicar a la escuela de medicina.*
- *4 años en la escuela de medicina (requerido).*
- *De 3 a 7 años de especialización (requerido).*

**Total:** entre 11 y 18 años de estudio para ejercer.

Cabe destacar que, en Estados Unidos, a diferencia de muchos países, NO se puede ejercer con el solo título de medicina. Es necesario haber terminado una especialización, para hacerlo.

Las carreras de la salud están muy reguladas en este país, por lo que el tiempo para convertirse en profesional en cualquiera de ellas es de por lo menos siete años.

- ***Terapia Física***

Maria quiere estudiar terapia física, sin embargo, en Estados Unidos esta carrera ya no existe como un Bachelor's degree. Por lo tanto ella necesita hacer un doctorado para ejercerla, a nivel profesional. Este sería su mapa de ruta:

- *4 años de college, en los que tiene que completar los cursos requeridos para aplicar al doctorado, muy similares a los de la escuela de medicina.*
- *De 3 a 4 años en el doctorado de terapia física (requerido).*

**Total:** De 7 a 8 años de estudio para ejercer.

- ***Finanzas / Administración de empresas***

José quiere estudiar business y su hermana Catalina quiere ser planificadora financiera. El camino en college dura prácticamente lo mismo:

- *4 años de college*

**Total:** 4 años de estudio para ejercer.

- *1 a 2 años de máster (opcional).*

- *Ingenierias / Computer Science*

Gabriel quiere estudiar ingeniería y esto es lo que necesita:

- *4 años de college.*

**Total:** 4 años de estudio para ejercer.

- *De 1 a 2 años de máster (opcional).*

- *Leyes*

Alexa quiere ser abogada y este es su camino para lograrlo:

- *4 años de college, en los que no hay unos cursos que sean pre requisitos para entrar a la escuela de leyes, pero que deben estar relacionados con ciencia política, historia, justicia criminal, inglés y/o filosofía.*
- *3 años de en la escuela de leyes o Law School (requerido).*

**Total:** siete años de estudio para ejercer.

- *Veterinaria*

Natalia quiere estudiar veterinaria y esta es su ruta para cumplir realidad su sueño:

- *4 años de college, en los que tiene que completar los cursos requeridos para aplicar a la escuela de veterinaria.*
- *4 años en la escuela de veterinaria (requerido).*

**Total:** ocho años de estudio para ejercer.

## ¿Mi hijo sale este año de high school, él va al college o a la universidad?

Es muy común tener esta confusión. La realidad es que en ese contexto, cualquiera de los términos son correctos, porque más que un tipo de institución, representan un etapa de formación superior, que es la inmediatamente siguiente a la de la secundaria.

Por lo que en la lista de instituciones a las que va a aplicar su hijo, pueden estar tanto Harvard University como Boston College o *Worcester Polytechnic Institute.*

## ¿Qué diferencia hay entre un community college y un college o universidad?

Un community college es una institución pública, en la cual los estudiantes pueden hacer los dos primeros años de estudios de college, obtener un asociado y luego transferirse a otra institución que le permita conseguir el Bachelor's degree. La ventaja de hacerlo es que los costos de un community college son significativamente más bajos que el de un college privado o de una universidad, con lo que el ahorro es grande. De igual manera, hay colleges públicos que no tienen la denominación de community, como el Miami Dade College, en los que se pueden hacer los dos primeros años de college y después transferirse a una universidad o los cuatro años y obtener un Bachelor's degree.

## ¿Qué diferencia hay entre las universidades públicas y privadas?

| Community colleges, colleges y universidades públicas | Colleges y universidades privadas |
|---|---|
| Reciben dineros del estado donde se encuentran | No reciben dineros estatales |
| Son más económicas especialmente para sus residentes (in-state tuition)<br>Aunque pueden ser hasta tres veces más caras para residentes de otros estados o estudiantes internacionales (out-of-state tuition) | El costo es el mismo para todas las personas |
| Ofrecen menos ayuda financiera | Pueden ofrecer mejor ayuda financiera |

## ¿Qué diferencia hay entre las universidades urbanas, semiurbanas y rurales?

Las urbanas están en medio de una ciudad grande, las semiurbanas pueden estar ubicadas en una población intermedia o pequeña y la rural, usualmente está en el campo. Lo clave aquí, es que su estudiante esté consciente desde el principio acerca del tipo de vida que llevará los fines de semana, cuando no esté en clases y así evitará futuras y costosas transferencias a otras instituciones, porque la vida alrededor de la universidad, no le gustó.

## ¿Qué son las universidades «Ivy Leagues»?

Son ocho prestigiosas instituciones localizadas en el noreste del país: Harvard University, Brown University, Cornell

University, Yale University, Princeton University, Columbia University, Dartmouth College y University of Pennsylvania. Las Ivy Leagues son reconocidas por su excelencia académica y por un super estricto y selectivo proceso de admisión.

### ¿Cuáles son los tipos de aplicación a la universidad?

En Estados Unidos hay varias formas de aplicar a la universidad. Las más usadas son Common Application y Coalition Application. Cada una aglutina un gran número de universidades, por lo que el estudiante debe llenar primero una aplicación común para todas y después responder las preguntas individuales que cada institución quiera hacerle. Sin embargo, hay muchas universidades que tienen su propia aplicación, la cual se encuentra en su página web.

### Si la universidad a la que va a aplicar mi hija está presente en el Common App y también su propia aplicación, ¿Cuál prefiere la universidad?

Las universidades no tienen preferencia por el tipo de aplicación que usen los estudiantes. Si ella está aplicando a otras universidades que están en el Common App, yo le recomendaría que incluyera esta también. Si, por el contrario, todas las instituciones a las que le gustaría asistir tienen su propia aplicación, no vale la pena abrir una cuenta en el Common App solo por una aplicación.

## ¿Cuál es el mejor momento para que mi estudiante aplique a la universidad?

El momento más adecuado para someter una aplicación a la universidad depende de varios factores:

- *Qué tan sólidos están el GPA y los scores en el SAT/ACT del estudiante.*
- *Qué tan fuerte está su aplicación.*
- *Qué tan comprometido está con ir a una determinada universidad.*
- *Qué rondas de admisión ofrece la universidad.*

| **Rondas de aplicación** | **Early Decision o Decisión Temprana** | **Early Action o Acción Temprana** | **Early Action Restrictive o Acción Temprana Restringida** | **Regular Decision o Decisión Regular** |
|---|---|---|---|---|
| **Deadline o fecha límite de la aplicación** | Entre nov 1 y dic 15<br><br>Puede ser ED I o ED II dependiendo de la fecha de aplicación | Entre nov 1 y dic 15 | Entre nov 1 y dic 15 | Usualmente enero 1, aunque las estatales tienen distintas fechas |
| **Obligación de asistir, si es aceptado** | Si | No | No | No |
| **Puede solicitar en otras universidades temprano** | No | Si | No | Si |

| Quién debe aplicar | • Quien tenga un GPA y SAT/ACT alto<br>• Seguro de querer esa universidad | • Quien tenga un GPA y SAT/ACT alto | • Quien tenga un GPA y SAT/ACT alto<br>• Seguro de querer esa universidad | • Los demás estudiantes |
|---|---|---|---|---|
| Cuándo tiene la respuesta | Diciembre | Diciembre | Diciembre | Marzo -abril |

Hay muchas universidades públicas y algunas privadas que ofrecen «Rolling Admission», en la cual el estudiante aplica tan pronto se abre la opción y unas cuantas semanas después tiene la respuesta.

## ¿Qué es el proceso de admisión holístico?

El proceso de admisión a la universidad en Estados Unidos es holístico, lo que significa que se evalúan varios elementos (ocho), antes de decidir si un estudiante es admitido o no.

1. **Application Form (formulario de aplicación)**
   Debe estar perfectamente diligenciado, para que pueda crear una buena impresión en el comité de admisiones de la universidad.

2. **Transcripts (documentos académicos)**
   Muestran los retos que el estudiante ha asumido. Un pasado académico exitoso predice un futuro académico similar y ese es el tipo de estudiante que las universidades buscan.

3. **Test scores (SAT/ACT)**
   Estos puntajes son un buen indicativo, porque son pruebas estandarizadas para todos los estudiantes del país.

4. **Essays (ensayos)**
   Revelan quién es en realidad el prospecto. Es la mejor oportunidad que se tiene para «enamorar» a la universidad y convencerla que admita al estudiante.

5. **Letters of recomendation (cartas de recomendación)**
   Entre más auténtica sea la carta de recomendación, mejor efecto tendrá en el comité de admisiones. Algunas universidades permiten, además de las recomendaciones de los profesores, las del mejor amiga o amigo, porque quieren que alguien que conozca bien al estudiante, les diga como es.

6. **School Forms (formas de la escuela)**
   Enseña el perfil de la escuela y las oportunidades académicas que se dan allí, lo que obviamente incidirá en la decisión. No será muy beneficioso para el estudiante si solo tomó un AP, aunque su escuela ofrecía 25.

7. **Activities list (lista de actividades)**
   A las universidades le gusta ver las actividades extracurriculares de sus aspirantes en deportes, clubs, honors societies y proyectos comunitarios. Al igual que los reconocimientos y premios obtenidos.

8. **Otros**

   En otros, las universidades incluyen factores que podrían incidir en el proceso de admisión, como por ejemplo legacy (que el aspirante sea hijo de un ex alumno de la institución donde está aplicando), primera generación (es decir que ninguno de los padres del estudiante ha ido a college) y situación geográfica (por ejemplo si el estudiante viene de una zona rural, con muy pocas oportunidades) En este elemento podría entrar el «Adversity score», creado por el College Board, para mostrar la realidad socio económica del estudiante que toma el SAT.

### ¿Y qué hacen las universidades con esta información?

Las universidades se hacen dos preguntas y de su respuesta depende la admisión o el rechazo a la admisión de un estudiante:

- *¿Este estudiante será exitoso académicamente en esta universidad?*
- *¿Este estudiante va a encajar bien dentro del espíritu de esta institución?*

Para responder a la primera pregunta, la universidad se basa en aspectos netamente cuantitativos, producto de su desenvolvimiento en high school como:

- *Transcripts*
- *Test Scores (SAT/ACT)*
- *School forms*

La respuesta es sencilla, si será exitoso académicamente o no lo será. Aquí no hay aspectos subjetivos.

Mientras que, en la segunda pregunta, cuando se pregunta si este estudiante será compatible con el espíritu de la universidad, aparecen los aspectos cualitativos que se van a evaluar como:

- *Essays*
- *Letters of Recomendation*
- *School Forms*
- *Activities List*
- *Otros*

Lo cierto es que todos los colleges y universidades se hacen las mismas preguntas a la hora de aceptar a un estudiante.

La diferencia es que las más selectivas, le dan más importancia a la pregunta número dos, es decir al aspecto cualitativo de la aplicación (los elementos únicos) porque la parte cuantitativa debe estar casi perfecta.

Vamos a ver un ejemplo, Juan está aplicando a una universidad altamente selectiva. Muchos de quienes están aplicando con él, tienen un GPA de 4.5 y alrededor de 1,450 en el SAT, como él. Sin embargo, Juan hizo un excelente ensayo sobre la vida de un niño campesino en Latinoamérica y obtuvo una fuerte recomendación de su profesora de química, por quedarse todos los días después de la clase, dando tutoría a los compañeros que no entendían el tema.

Estos aspectos cualitativos únicos, unidos a la excelencia de sus aspectos cuantitativos, podrían darle la admisión a Juan.

## ¿Una vez haya aplicado mi estudiante, que podemos esperar?

Básicamente hay cuatro tipos de respuestas:

1. Admitted o admitido.

2. Denied o no admitido.

3. Deferrerd (diferido) que compita en el periodo regular de admisiones.

4. Waiting List.

5. Condicional, por ejemplo, a que asista a otro campus, online o en otro término, por ejemplo, en verano.

### ¿Qué viene después de recibir las decisiones de la universidad?

La familia debe poner sobre la mesa las universidades que le dieron admisión a su estudiante, al igual que el paquete financiero que le ofrecieron. Una vez se analicen estos factores, lo que sigue es pagar el depósito para asegurar el cupo de la institución elegida. Usualmente el 1 de mayo es la fecha límite para hacerlo.

Una vez pago el depósito, los siguientes pasos son agendar la orientación, lo más pronto posible y si va a vivir on campus, empezar a buscar vivienda en los dorms. Averigüe si es obligatorio vivir en la universidad, pues muchas instituciones obligan a sus estudiantes de primer año a hacerlo, al igual que a tomar el meal plan (plan de alimentación).

### Una vez mi estudiante esté admitido, ¿tendría yo el derecho de obtener información sobre sus notas, su asistencia y su estado financiero en el college?

Con base en las leyes de privacidad y específicamente la Family Educational Rights and Privacy Act (FERPA) la universidad no puede divulgar ninguna información del estudiante ni a los padres ni tampoco a terceras personas sin su autorización previa, no importa que usted sea el que paga su matrícula. Sin embargo, después de demostrar, a través de su declaración de impuestos (Income Tax Return) que el estudiante es su dependiente, podría contactar a la universidad y tratar de obtener la información que necesita.

### El reto... armar el rompecabezas

Lo cierto es que, si bien la estructura del sistema universitario estadounidense puede llegar a ser complejo, brinda muchísimas oportunidades a quienes lo conocen bien.

Entonces, el reto es armar el rompecabezas y encontrar, entre las más de **4.600 universidades** que hay en el país, una en la que su estudiante pueda brillar y empoderarse, para salir a hacer una diferencia por su comunidad.

# 5
# Cómo pagar la universidad y no quebrarse en el intento

La universidad en Estados Unidos es muy costosa y fácilmente puede llegar a valer al año, con housing, alimentación y libros, lo que una familia de clase media media gana en ese mismo período de tiempo. Entonces ¿Cómo educar a nuestros hijos, sin que hipotequemos nuestro retiro o ellos tengan que asumir una deuda, cuando aún no deberían hacerlo?

Y quiero ser muy clara con esto, porque desde mi punto de vista, es absurdo obtener un préstamo para pagar la educación en college, cuando hay tantas ayudas financieras posibles. Es mejor dejar esa capacidad de endeudamiento para el graduate school, donde esas mismas ayudas casi desaparecen.

Vamos a ver el ejemplo de Andrea. Ella vive en Orlando, Florida, se acaba de graduar de high school y pasó en cinco de las siete universidades en las que se presentó, incluidas Boston University (BU) y University of Florida (UF).

Académicamente ambas son universidades similares, una privada y la otra pública.

BU no le dio ninguna ayuda financiera y el cost of attendence o costo de asistencia es de alredeor de $ 70.000 al año. Y aunque UF tampoco se la dio, por ser residente de la Florida y cumplir los requerimientos de la beca de mérito Florida Bright Futures, el estado le cubre a Andrea el tuition y un porcentaje del costo de los libros, Andrea solamente debía pagar alrededor de $7.000 de housing.

La familia de Andrea pensó en sacar un préstamo para pagar BU, pero Andrea quiere estudiar medicina, quizá la carrera más larga y costosa en Estados Unidos. ¿Entonces por qué endeudarse desde ahora?

Otra decisión que Andrea y su familia habían podido tomar era aceptar la oferta de admisión de UF, estar dos años allí y luego hacer transferencia a BU. Con esto la deuda se habría reducido a la mitad.

Pero si quería ahorrar más y aún graduarse de BU, Andrea podía ir por dos años a un community college en Orlando, donde vive, y así economizarse el housing. Como aún está en el estado, el Bright Futures le habría pagado el tuiton y luego hacer los últimos dos años de college en BU, ahorrando así aún más.

Finalmente, Andrea decidió quedarse en UF y hacer los cuatro años de college allí, para graduarse libre de deuda.

Vamos a ver las formas para pagar la universidad:

## Ahorros

Una encuesta de Business Insider entre padres estadounidenses, reveló que el 56% de ellos estaban ahorrando para pagar la universidad de sus hijos. En promedio, las familias americanas ahorran una media de $18.135, lo que en la actualidad alcanzaría solamente para pagar la matricula por los cuatro años en algunas universidades públicas, sin incluir housing.

Muchos expertos financieros recomiendan dos tipos de ahorros: los planes prepagados, como el Florida Prepaid College, por ejemplo, y los planes 529.

Mi mejor consejo es que, además de ahorrar, debe incentivar a su hijo o hija a que sea buen estudiante. Esto le podría pagar el college completamente y así graduarse libre de deuda.

## A. Planes 529 vs Prepaid College

Entre las formas más populares de ahorro para pagar la universidad de sus hijos están:

| Planes 529 | Prepaid College |
| --- | --- |
| • Es una de las formas más populares para ahorrar en educación, a través de la inversión en fondos mutuos<br>• Son programas patrocinados por los estados<br>• Generalmente son administrados por entidades financieras<br>• Ganancias libres de impuestos<br>• No necesitan ser los padres quienes los abran, puede ser cualquier persona<br>• pueden ser cancelados o transferidos en cualquier momento<br>• El dinero puede usarse para pagar cualquier tipo de estudio: elemental, high school, college, graduate school, post graduate school y vocacional school<br>• La calidad de los planes varía según el estado. Sin embargo, usted tiene la libertad de invertir en el plan de cualquier estado, no importa que no viva en él. Si llegará a trasladarse a otro estado, puede continuar invirtiendo en el mismo plan<br>• Están disponible para ciudadanos y residentes legales de Estados Unidos | • Estos programas le permiten hacer contribuciones mensuales para la matrícula y gastos relacionados con educación a largo plazo<br>• Están patrocinados por los estados<br>• Tienen ventajas fiscales<br>• No necesitan ser los padres quienes los abran, puede ser cualquier persona<br>• Pueden ser cancelados o transferidos en cualquier momento<br>• El dinero se usa específicamente para el periodo que comprende college<br>• Se pueden combinar con becas y ayudas financieras<br>• La calidad de los planes varía de acuerdo con el estado. El dinero prepagado puede usarse en universidades en otros estados y privadas<br>• Están disponible para ciudadanos y residentes legales de Estados Unidos |

*¿Mi suegra tiene un plan 529 para mi hijo Ricardo, con el fin de, pagar el college, esto le quitará a él posibilidades de conseguir ayuda financiera?*

No lo va a afectar, porque la titular de la cuenta es su suegra y no el beneficiario. Cabe aclarar que si su hijo, por cualquier motivo no va a college, su suegra puede cambiar de beneficiario y poner a otra persona.

## Ayudas federales, estatales e institucionales por necesidad financiera

### A. FAFSA

En octubre de cada año, el estudiante llena una forma gratuita y fácil de diligenciar, llamada FAFSA (Free Application for Federal Student Aid), en la cual debe proveer la información de los impuestos de los padres, para determinar su elegibilidad para recibir ayuda federal, estatal e institucional.

Cabe aclarar, que el FAFSA no es necesario para aplicar a becas basadas en mérito académico. Si quiere tener una idea de cuál sería su contribución económica, según el FAFSA, puede ir a fafsa4caster.org y hacer una simulación. El resultado sólo será para usted.

### B. CSS Profile

*En la universidad donde está aplicando mi hija, le piden el FAFSA y el CSS Profile. ¿Qué diferencia hay entre los dos?*

| Solicitud de ayuda financiera | FAFSA studentaid.ed.gov/sa/fafsa | CSS Profile https://cssprofile.collegeboard.org/ |
|---|---|---|
| Determina elegibilidad para | Recibir ayuda federal como Pell Grant, work-study y federal study loans | Recibir ayuda de la universidad como grants y scholarships |
| Quién lo distribuye | Gobierno federal | The College Board |
| Quién lo pide | Todas las universidades a las que se les solicite ayuda financiera | Universidades muy selectivas y costosas a las que se les solicite ayuda financiera* |
| Grado de complejidad | Sencillo | Complejo porque pide información financiera más detallada |
| Costo | Gratis | $25 del envio a la primera escuela y $16 por cada adicional |
| Cuando se deben llenar | A partir del 1 de octubre de cada año | A partir del primero de octubre de cada año |

* Si los padres del estudiante están divorciados, muchas universidades que piden el CSS profile, requieren que el padre que no tiene la custodia complete otra forma llamada Non custodial Parent.

**Tip:** *Envié el CSS profile a las universidades que lo requieran, por lo menos dos semanas antes de la fecha límite.*

## ¿Cuáles son los pasos para completar el FAFSA?

Completar la aplicación es un proceso gratuito. Es indispensable tener un número de seguro social y estatus legal en Estados Unidos. Muchos high school proveen asistencia a los estudiantes para completar la aplicación en el segundo semestre del Senior year. De igual forma, FAFSA tiene un número de servicio al cliente que puede ser contactado cuando tenga alguna duda, utilizando la opción en español.

Aunque usted piense que no es elegible para ninguna ayuda federal, siempre es bueno completarla porque en ocasiones podría recibir asistencia estatal, institucional o Federal Work Study (programa en el cual los estudiantes reciben fondos a través de su trabajo de medio tiempo en la universidad).

1. **Crear una Identificación para el FAFSA**
(https://fsaid.ed.gov/npas/index.htm)

Para completar esta aplicación online primero se debe crear un número de identificación personal que le permita introducir la información. Teniendo este número, usted puede, en cualquier momento, tener acceso a la aplicación y actualizarla, si esto fuera necesario y al mismo tiempo, puede firmar electrónicamente. Esta información debe ser confidencial ya que tiene el riesgo de poner en peligro su identidad. Tanto los padres como el estudiante deben crear su número de identificación, dado que en esta etapa, lo usual es que los estudiantes todavía sean dependientes.

2. **Completar la información demográfica**

Esta parte es muy sencilla de completar. Vale la pena aclarar que es muy importante que el nombre sea el mismo que aparece en el Seguro Social, en el high school y en la aplicación de la universidad, para evitar incongruencias. Si en esta etapa, usted se da cuenta que existe algún error, es el momento para solucionarlo. El correo electrónico que va a utilizar debe ser uno que revise con regularidad, ya que aquí recibirá el reporte final. Adicionalmente, el estudiante seleccionará las universidades en las que quiere aplicar y que por ende recibirán el FAFSA.

Your receipt
Cook Memorial Public Library District
Aspen Drive Library

Customer Name: Quinteros, Josl

Items that you checked out

Title: Monstrous [videorecording (DVD)] / Screen Media presents ; written by Carol Chrest ; directed by Chr
ID: 31122016365673
**Due: Saturday, October 22, 2022**

Title: College para todos : una gu├¡a para que sus hijos alcancen sus metas acad├®micas en U.S.A. / Ana Maria
ID: 31122015534444
**Due: Saturday, November 5, 2022**

Title: El arte de hacer dinero : una nueva perspectiva para desarrollar su inteligencia financiera / Mario
ID: 31122012394438
**Due: Saturday, November 5, 2022**

Total items: 3
Account balance: $0.00
10/15/2022 11:04 AM
Checked out: 3
Ready for pickup: 0

Renew online at www.cooklib.org/myaccount
or call (847) 362-0438

3. **Proveer la información financiera**

Partiendo de la idea de que el estudiante es dependiente, la información financiera de los padres juega un papel clave aquí. En algunos casos, los estudiantes comienzan a trabajar a temprana edad y reportan sus propios impuestos, si este es el caso, esta información también será requerida.

En cada año académico que se completa esta aplicación federal, se utiliza el reporte de impuestos. Por favor asegúrese de que está introduciendo los datos del año correcto.

**Tip:** *Tomarse el tiempo necesario para completar el FAFSA le puede ayudar a prevenir procesos de verificación en la universidad, que pueden llegar a ser muy tediosos.*

4. **Fechas de entrega de la aplicación**

https://studentaid.ed.gov/sa/fafsa#deadlines

Las fechas en las que se deben enviar las aplicaciones de FAFSA son muy importantes. Consúltelas en las páginas web de las universidades. Como ya hemos hablado anteriormente, ser muy organizados con las fechas límites para todos los procesos, maximiza las opciones de éxito.

5. **Firmar la aplicación y enviarla**

Si se completa la aplicación y no se firma no se obtendrá ningún resultado. Cada paso de este proceso tiene la misma importancia. Recuerde que este paso lo podrá hacer debido al ID que fue creado al principio de la aplicación.

Después de enviar esta información, el estudiante va a recibir un reporte con toda la información condensada y un estimado de la elegibilidad para recibir ayuda financiera federal.

Esta información va a ser recibida por las universidades seleccionadas durante la aplicación. El FAFSA tiene una herramienta muy buena (que ya la hemos mencionada antes) para que pueda tener una idea anticipada de lo que podría recibir antes de enviarlo: FAFSA4caster

https://fafsa.ed.gov/spa/fafsa4c/?locale=en_US#/landing

*Notas*

- *Una vez haya recibido el Award Letter (paquete financiero) y quiera hacer algún cambio o actualización en el FAFSA, deberá contactar primero a la universidad para preguntar cuál es el proceso para hacerlo.*

- *Si tiene alguna duda o quisiera información adicional, Google y YouTube son excelentes fuentes para proveer tutorías sobre este tema.*

- *Si después de haber completado el FAFSA, su situación financiera ha cambiado por alguna circunstancia, por favor contacte la universidad para averiguar las opciones que tiene.*

- *Uno de los procesos más comunes es el «Professional Judgement», a través del cual la universidad revisa detenidamente los casos especiales y puede hacer ajustes los paquetes de ayuda financiera. Este proceso se basa en una aplicación con una lista de documentos que deben apoyarla.*

*¿Qué tipos de ayuda, por necesidad financiera, sería mi estudiante elegible, después de completar el FAFSA?*

| | |
|---|---|
| **Pell Grants** | Es una ayuda federal gratis que el estudiante no tiene que devolver. Inicialmente se da por necesidad financiera, para mantenerla debe tener un Satisfactory Academic Progress (SAP) o Progreso Académico Satisfactorio |
| **State aid** | Es una ayuda estatal, que varia dependiendo del estado de residencia y el estudiante no la tiene que devolver. Está basada en necesidad financiera y en los fondos disponibles en ese momento |
| **Institucional aid** | Esta ayuda la proveen las universidades públicas y privadas y el estudiante no la tiene que devolver. Está basada en necesidad financiera y en los fondos disponibles en ese momento |
| **Federal Work Study Programs** | Este es un programa federal, en el cual el estudiante recibe fondos a través de su trabajo en la universidad. El estudiante debe seleccionar que está interesado cuando completa el FAFSA |
| **Federal Direct Loans: subsidized y unsubsidized (préstamos subsidiados y no subsidiados)** | Estos son préstamos federales, que están disponibles para estudiantes en sus primeros cuatro años y en su post grado |

**Tip:** *La cantidad de ayuda financiera, incluyendo préstamos, no debe exceder el costo de atender a la universidad o Cost of Attendence (COA).*

### C. Préstamos subsidiados y no subsidiados

En el préstamo subsidiado no hay que pagar intereses hasta seis meses después de la graduación o después de retirarse de estudiar. La elegibilidad para este tipo de préstamo se basa en necesidad financiera. Mientras que en el no subsidiado tan pronto se desembolse el préstamo, comienzan a correr los intereses.

*Y si esta ayuda no es suficiente para pagar la universidad de mi hijo, ¿qué otras alternativas tengo?*

- *El Parent PLUS Loan, es un préstamo federal que está disponible para los padres de estudiantes dependientes, en sus primeros cuatro años de universidad y es basado en la historia de crédito.*
- *Los prestamos privados son otorgados por bancos y otras entidades financieras. Lo mejor es que busque varias alternativas, entre ellas la de su propio banco, antes de tomar una decisión.*
- *Los Tuition Payment Plan (Plan de Pago para Matrícula), los ofrecen las universidades para dividir los pagos de acuerdo con las posibilidades económicas del estudiante. Es necesario solicitarlo.*

## Ayudas estatales por mérito académico

Muchos estados premian a los mejores Seniors en high school con becas que pueden incluir hasta el 100 por ciento de la matrícula y otros gastos en un community college o en una universidad estatal. Los criterios de elegibilidad pueden incluir el GPA, el SAT/ACT y las horas comunitarias. Un ejemplo de esta beca es el Florida Bright Futures: https://www.floridastudentfinancialaidsg.org

## Scholarships o becas

Nunca es demasiado temprano en high school para aplicar para becas. Cualquier monto es bienvenido, porque en la universidad siempre hace falta dinero. Eso si tenga en cuenta que este es un trabajo arduo, que aunque requiere dedicación, se recogen buenos frutos.

Hay becas que solamente son por mérito y otras que son por mérito y necesidad financiera.

## 13 recomendaciones para maximizar sus posibilidades de conseguir becas

1. **Elaboren una lista en Excel** con el nombre de la beca, la página web, los requerimientos y fecha de vencimiento, en orden.

2. **Dígale a su estudiante que pida las cartas de recomendación con antelación.** Siempre es buena idea pedir una adicional, por si se necesita.

3. **A veces las becas requieren transcripts,** también solicítelos con tiempo.

4. **Asegúrese que su estudiante sea elegible antes de aplicar** e invertir el tiempo en algo que no le va a servir.

5. **Nunca esperen hasta el último momento para someter una beca.** Cualquier falla técnica podría ocurrir y dejarle sin la posibilitad de aplicar.

6. **Hay unas becas en las cuales los estudiantes son nominados solamente por la escuela.** Dígale a su hijo o hija que hable con el consejero.

7. **Prepare su hijo para escribir varios essays,** porque la mayoría de las becas lo requieren.

8. **Tenga mucho cuidado y desconfié de los sitios en internet que le ofrecen una beca muy fácilmente,** pidiendo solamente información personal y en ocasiones algún pago.

9. **Tanto los high school, como las universidades ofrecen listas de becas,** dígale a su estudiante que las revise con regularidad.

10. **Si su hijo o hija tiene una habilidad especial, busque en Google scholarships + esa palabra.** Por ejemplo, Scholarships for community service.

11. **Aproveche las microbecas de Raise me https://www.raise.me/**

12. **Muchos premios localespueden dar dinero por trabajo comunitario y mérito académico.** Lo mejor es que revi-

se las páginas de las alcaldías, los clubes y los departamentos de policía locales para identificar alguno en el que pudiera ser elegible su estudiante.

13. **Para las becas por deporte tenga en cuenta las siguientes recomendaciones:**
    a. Documente con vídeo y/o fotografías el «performance» (actuación) del deportista, para enviarle ese archivo a la universidad y que pueda conocer su nivel.
    b. Paralelo al resume académico, es necesario enviar uno deportivo.
    c. El coach debe mandar una carta a la universidad, recomendando al deportista.
    d. Si su hijo o hija va a estar presente en un evento de try outs importante, es necesario que se lo informe a las universidades, con tiempo, para que puedan ir a verle.

**¡Ya hemos terminado este libro, pero no el tema… es tan amplio!**

**Espero verlos pronto, si quieren contactarme, no dejen de hacerlo a** info@collegeparatodos.com

**¡Un gran abrazo y a seguir empoderando a sus hijos, para que hagan la diferencia en el mundo!**

# Glosario

## A

**Academic adviser** (consejero académico)
Miembro del college o de la universidad, que provee guía a los estudiantes en aspectos académicos, como por ejemplo la selección de las clases.

**ACT** (American College Test)
Examen estandarizado que exigen en Estados Unidos para el ingreso a las universidades, que mide los conocimientos en cuatro áreas (inglés, matemáticas, lectura y ciencias y un test opcional que mide las habilidades en redacción).

**AP** (Advanced Placement Program)
Programa de colocación avanzada, ofrecido por The College Board, que le permite a los estudiantes de secundaria tomar créditos universitarios, si obtienen ciertos resultados en un único examen. No todas las universidades los aceptan.

**Associate's** (Asociado)
Título universitario otorgado por una universidad tras completar con éxito un programa, que toma generalmen-

te dos años de tiempo completo de estudio. Típicamente este título lo otorgan los community colleges. Estos créditos pueden ser transferibles a una universidad, que otorga un bachelor's degree de cuatro años.

## B

**Bachelor's** (Bachiller)

Título universitario otorgado por una universidad tras haber terminado con éxito un programa de estudios superiores. Típicamente toma 4 años. El título que se obtiene puede ser un B.A. Bachiller en artes, que se refiere a artes liberales o un B.S. Bachiller en ciencias. Uno de estos títulos se requiere para poder empezar un estudio de postgrado en el graduate school.

## C

**Campus** (Campo)

Los jardines y edificios en donde está ubicada la universidad.

**Career services** (Servicios de carrera)

Oficina ubicada en la universidad que ofrece consejería, para ayudarle a los estudiantes a conseguir interships, empleos o para aplicar a postgrados. Algunas universidades de Estados Unidos tienen consejeros especiales para los estudiantes internacionales.

**Coed** (Coed)

Abierto para hombres y mujeres, generalmente se usa para describir universidades que ofrecen dormitorios para los dos sexos.

**College** (Colegio)

Institución que ofrece programas de pregrado y en algunos casos de postgrado. El termino College es en algunos casos sinónimo de universidad o escuela.

**Commencement** (Graduación)

Ceremonia de graduación en la cual los estudiantes oficialmente reciben su título universitario. Típicamente se realizan en los meses de mayo o junio, al final del año académico. Sin embargo algunas universidades las realizan en agosto y diciembre.

**Common Application** (Aplicación Común)

Formato de aplicación estándar aceptada por más de 750 universidades para su proceso de admisión. Los estudiantes pueden aplicar online o imprimir la forma y enviarla a la universidad. Los estudiantes internacionales generalmente tienen que aplicar con unas formas específicas de cada universidad.

**Community College** (Colegio Comunitario)

Institución pública de estudios superiores que ofrece títulos de asociado en dos años. También se le conoce con el nombre de Junior College. Un community college tipicamente provee programas de transferencia, que le permite a los estudiantes transferirse a programas universitarios de cuatro años y obtener un bachelor's degree y/o un grado vocacional.

**Conditional Admission** (Admision Condicional)
Admisión universitaria que está condicionada a la realización de cursos preliminares u otros requerimientos anteriores a la inscripción. Para estudiantes internacionales puede estar condicionada a los resultados del examen de inglés.

**Co-op** (Co-op)
Programas de educación que le permiten a los estudiantes generalmente trabajar tiempo completo, para ganar experiencia en el campo que han escogido. Los estudiantes que participan en este programa no van a clases, pero siguen inscritos en la universidad. Los Co-ops normalmente duran más que los interships y generalmente son pagos.

**Core requirements** (Requisitos básicos)
Cursos obligatorios que los estudiantes tienen que tomar para graduarse.

**Course** (Curso)
Clase particular que se dicta a una hora específica. Cada universidad ofrece programas que constan de sus propios requerimientos y clases electivas.

**Course load** (Carga academica)
Número de cursos y créditos que los estudiantes toman durante un período de tiempo.

**CPT** (Curricular Practical Training o Entrenamiento practico curricular)

Tipo de autorización de trabajo que permite a los estudiantes internacionales participar en un intership, con un empleador fuera del campus. Los estudiantes solo son elegibles para CPT, después de haber completado su primer año de estudios en Estados Unidos, con la excepción de los estudiantes graduados, cuyo programa requiere capacitación inmediata.

**Credits** (Créditos)

Unidades que usa una institución para indicar que un estudiante ha completado y aprobado los cursos que se requieren para obtener un título. A cada curso se le asigna un valor en términos de «créditos», «horas de crédito» o «unidades».

**Curriculum** (Curriculo)

Programa de estudios compuesto por un conjunto de cursos ofrecido por una institución.

## D

**Dean** (Decano)

El jefe de una división en una universidad.

**Deferral / Deferred admission** (Admisión diferida / diferida)

Acto de una universidad de posponer la solicitud de un estudiante de una decisión o acción temprana, para que se considere junto con el resto del grupo de solicitantes regulares.

**Degree** (Grado)

Diploma o título otorgado al estudiante por parte de una universidad tras haber completado satisfactoriamente un determinado programa.

**Doctorate**

Grado académico más alto otorgado por una universidad al completar con éxito un programa avanzado de estudios, que generalmente requiere al menos tres años de estudios de posgrado más allá del título de maestría (que puede haber sido obtenido en una universidad diferente).

**Dormitories** (Dorms o dormitorios)

Alojamiento para estudiantes proporcionado por una universidad, también conocido como «residencias universitarias», que generalmente incluye habitaciones, baños, áreas comunes y posiblemente una cocina o cafetería.

**Double major** (Doble especialización)

Programa de estudio que le permite a un estudiante completar los requisitos de dos especializaciones al mismo tiempo.

**Drop** (Retirar)

Retirarse de un curso. Las universidades generalmente tienen un período de tiempo al comienzo de un término, durante el cual los estudiantes pueden agregar o eliminar clases.

# E

**Early action** (Acción Temprana)

Programa ofrecido por algunas universidades, que permite a los estudiantes enviar sus solicitudes temprano, generalmente en noviembre y recibir decisiones temprano, generalmente a mediados o finales de diciembre. No se requiere que los estudiantes acepten la oferta de admisión inmediatamente y tienen hasta el 1 de mayo para decidir. Algunas escuelas permiten que los estudiantes internacionales hagan su solicitud a través de una acción temprana.

**Early decision** (Decisión Temprana)

Programa ofrecido por algunas universidades que le permite a los estudiantes enviar una solicitud más temprano, generalmente en noviembre y recibir la decisión a mediados o finales de diciembre. Si son aceptados, los estudiantes deben inscribirse en esa universidad y retirar todas las solicitudes a otras universidades. Aunque algunas universidades permiten que los estudiantes internacionales hagan su solicitud por medio de un Early Decision, los solicitantes que necesitan ayuda financiera pueden no recibir una decisión antes que aquellos que lo solicitan a través del proceso de decisión regular.

**Electives** (Electivas)

Cursos que los estudiantes pueden elegir de una lista de opciones. Dependiendo de la carrera, deben completar una cierta cantidad de créditos. No son obligatorios.

**Enroll** (Inscripción)
Inscribirse en una universidad o curso como participante.

**ESL** (English as a Second Language – Inglés como Segundo Idioma)
Curso o programa de estudio que se usa para enseñar inglés a personas cuya primera lengua es otro idioma.

**Extracurricular activities** (Actividades extracurriculares)
Actividades opcionales, como deportes y clubes, en las que los estudiantes pueden participar cuando no están en las clases académicas. Pueden llevarse a cabo tanto dentro como fuera de su escuela.

## F

**Faculty** (Facultad)
El personal docente y administrativo de una escuela. Es el responsable de diseñar los programas de estudio.

**FAFSA** (Free Application for Federal Student Aid – Solicitud Gratuita de Ayuda Federal para Estudiantes)
Solicitud utilizada por ciudadanos y residentes permanentes de Estados Unidos. para pedir ayuda financiera de los gobiernos federales y estatales del país. Los estudiantes internacionales no son elegibles para recibir ayuda del gobierno.

**Fees** (Costos)

La cantidad de dinero que cobran las universidades, además de su matrícula, para cubrir los costos de servicios tales como bibliotecas, transporte interno y tecnología.

**Financial aid** (Ayuda financiera)

Todo tipo de dinero ofrecido a un estudiante para ayudarle a pagar el tuiton, el housing, los libros y otros gastos educativos. Esto puede incluir préstamos, subvenciones, becas, pasantías, trabajos en la universidad y fuera de ella.

**Fraternity** (Fraternidad)

Organización estudiantil, típicamente para hombres, formada con fines sociales, académicos, de servicio comunitario o profesionales. Una fraternidad es parte del sistema griego de un colegio o universidad. Algunas fraternidades, como aquellas con un enfoque académico o de servicio comunitario, pueden ser mixtas.

**Freshman**

Estudiante de primer año de high school o universidad.

## G

**GMAT** (Graduate Management Admission Test)

Examen estandarizado que mide las habilidades de los graduados en college que quieren hacer master en el aérea de negocios e ingenierias. Algunas escuelas de negocios aceptan GMAT o GRE.

**GPA** (Grade Point Average o Promedio de Notas)

Rendimiento académico general de un estudiante, que se calcula como un promedio numérico de las calificaciones obtenidas en todos los cursos. El GPA se determina después de cada término, generalmente en una escala de 4.0, y después de la graduación, los estudiantes reciben un GPA general de sus estudios.

**Grade** (Calificación)

Una calificación que indica el rendimiento académico de un estudiante en un examen, artículo o en un curso. Un «grado» también puede referirse al año en que se encuentra un estudiante en la escuela primaria, secundaria o preparatoria, pero ese uso generalmente no se aplica a nivel universitario.

**Graduate School** (Escuela de Postgrado)

La división de una universidad, o una institución postsecundaria independiente, que administra los estudios de postgrado y otorga títulos de maestría, doctorado o certificado.

**Graduate student / graduate studies** (Estudiante graduado / estudios de posgrado)

Es un estudiante que ya tiene un Bachelor's degree y que está estudiando para obtener un master, doctorado o certificado de postgrado en un graduate school. Graduate también se refiere a un estudiante que ha completado exitosamente un programa de estudios y ha obtenido un título.

**Grant**

Un tipo de ayuda financiera que consiste en una cantidad de dinero gratis otorgada a un estudiante, por el gobierno federal o estatal, una compañía, una escuela o una organización benéfica. Una subvención no tiene que ser devuelta. El término grant se usa a menudo indistintamente con el de beca.

**GRE** (Graduate Record Examination)

Un examen estandarizado requerido por las escuelas de postgrado, que lo utilizan para evaluar a los solicitantes de maestría y doctorado. Programas en algunas escuelas de negocios aceptan GMAT o GRE; las escuelas de derecho generalmente requieren el LSAT; y las escuelas de medicina suelen requerir el MCAT.

**Greek life / Greek system** (Vida griega / sistema griego)

Una colección de fraternidades y hermandades universitarias en el campus, cuyos nombres provienen de las letras del alfabeto griego antiguo.

## H

**High school** (Escuela secundaria)

Una escuela secundaria que ofrece los grados noveno al doce.

**Higher education** (Educación superior)

Cualquier tipo de educación que se realice después de la escuela secundaria.

**Humanities** (Humanidades)

Cursos académicos centrados en la vida y las ideas humanas, incluida la historia, la filosofía, las lenguas extranjeras, la religión, el arte, la música y la literatura.

## I

**IELTS** (Sistema Internacional de Pruebas de Idioma Inglés)

Una prueba estandarizada que mide el dominio del idioma inglés en lectura, comprensión auditiva, expresión oral y escritura. Muchas universidades estadounidenses exigen a los hablantes de inglés no nativos que envíen las puntuaciones de IELTS o TOEFL como parte del proceso de admisión.

**International student adviser** (Asesor de estudiantes internacionales)

Un funcionario escolar que asiste a estudiantes, académicos y profesores internacionales en asuntos que incluyen orientación, visas, impuestos sobre la renta, seguros y normas académicas y gubernamentales, entre otras áreas.

**Internship** (Prácticas)

Una experiencia que le permite a los estudiantes trabajar en un entorno profesional para obtener capacitación y habilidades. Las prácticas pueden ser pagas o no y pueden tener diferentes tiempos de duración, durante o después del año académico.

**Ivy League**

Asociación de ocho universidades privadas ubicadas en el noreste de Estados Unidos, originalmente formada como una conferencia atlética. Hoy en día, el término se asocia a universidades que se consideran altamente competitivas y prestigiosas. La Ivy League está formada por Harvard University, Princeton University, Cornell University, Brown University, Columbia University, la University of Pennsylvania, Yale University y Dartmouth College.

## J

**Junior**

Un estudiante en el tercer año de escuela secundaria de universidad.

**Junior college**

Institución postsecundaria de dos años que ofrece el título de asociado.

## L

**Letter of recommendation** (Carta de recomendación)

Una carta escrita por el maestro, consejero, entrenador o mentor de un estudiante que evalúa sus calificaciones y habilidades. Las universidades y escuelas de posgrado generalmente requieren cartas de recomendación como parte del proceso de solicitud.

**Liberal arts** (Artes liberales)

Estudios académicos de materias en humanidades y ciencias sociales con un enfoque en el conocimiento general.

**Liberal arts college**

Universidad de artes liberales: Una institución postsecundaria que enfatiza una educación de pregrado en artes liberales.

**Loan** (Préstamo)

Un tipo de ayuda financiera que consiste en una cantidad de dinero que se otorga a alguien por un período de tiempo, con el acuerdo que se reembolsará más adelante. Los estudiantes internacionales generalmente no son elegibles para préstamos del gobierno federal y, por lo general, requerirán que un cosignatario estadounidense solicite un préstamo bancario privado.

**LSAT** (Law School Admission Test – Examen de admisión a la escuela de derecho)

Examen estandarizado de ingreso a la facultad de derecho, que mide la comprensión de lectura, el razonamiento analítico y las habilidades de razonamiento lógico.

## M

**Major** (Concentración)

Área de la asignatura académica en la que un estudiante elige enfocarse durante sus estudios de pregrado. Por lo general, los estudiantes deben elegir oficialmente su concentración al final de su segundo año, lo que les permite tomar varios cursos en el área elegida durante sus dos últimos años.

**Master's** (Maestría)
Un título de postgrado otorgado por una universidad al completar con éxito un programa avanzado de estudios, que generalmente requiere uno o dos años de estudios a tiempo completo, depués del college. Los tipos de títulos más comunes incluyen la maestría en artes (MA), que se refiere a las artes liberales; la maestría de ciencias (M.S.); y la maestría en administración de empresas (M.B.A.).

**MBA**
Máster en Administración de Empresas.

**MCAT** (Examen de admisión a la facultad de medicina)
Un examen estandarizado de ingreso a la escuela de medicina que mide el razonamiento verbal, las habilidades de redacción y el conocimiento de las ciencias físicas y biológicas.

**Merit aid / merit scholarships** (Ayuda por mérito / becas por mérito)
Un tipo de ayuda financiera otorgada a estudiantes que han demostrado tener habilidades o talentos académicos especiales, independientemente de su necesidad financiera. La mayor parte de la ayuda por mérito tiene requisitos específicos, si los estudiantes desean continuar recibiéndola, como mantener un determinado GPA.

**Midterm exam**

Examen de mitad de período: un examen que se realiza después de la mitad del término académico y que cubre todo el material estudiado en un curso en particular hasta ese momento.

**Minor** (Menor)

Un área académica en la que el estudiante elige tener un enfoque secundario durante sus estudios de pregrado. Normalmente no es requerido, pero le permite al estudiante tomar algunos cursos adicionales en una materia diferente de su especialización.

## N

**Need-based financial aid** (Ayuda financiera basada en la necesidad)

Ayuda financiera que se otorga a los estudiantes debido a su incapacidad financiera para pagar el costo total de su asistencia a una institución de educación superior y no por sus méritos académicos.

**Need-blind admissions** (Admisiones ciegas)

Una política de la universidad de aceptar o rechazar solicitudes sin tener en cuenta las circunstancias financieras del solicitante. Esta política no significa necesariamente que estas escuelas ofrezcan suficiente ayuda financiera para satisfacer la necesidad total de un estudiante. Solo unos pocos colleges o universidades del país ofrecen admisiones ciegas a estudiantes internacionales.

**Net price calculator** (Cálculo de precio neto)

Una herramienta en línea que permite a los estudiantes y familias calcular un estimado personalizado del costo de una universidad específica, después de tener en cuenta cualquier beca o ayuda financiera

**Nonresident** (No residente)

Un estudiante que no cumple con los requisitos de residencia del estado. Una universidad puede tener diferentes costos de matrícula y políticas de admisión para residentes vs no residentes. En la mayoría de los casos, los estudiantes internacionales son considerados no residentes. Un «extranjero no residente» es una persona que no es ciudadano de Estados Unidos y que se encuentra en el país de forma temporal.

## O

**Open admissions** (Admisiones abiertas)

Política de una universidad de aceptar a todos los estudiantes que hayan completado la escuela secundaria, independientemente de sus calificaciones o puntajes en los exámenes, hasta que se llenen todos los espacios. La mayoría de los community colleges tienen una política de admisión abierta, incluso para estudiantes internacionales.

**OPT** (Optional Practical Training – Capacitación práctica opcional)

Un tipo de autorización de trabajo que permite a los estudiantes internacionales participar en trabajos profesionales relacionados con su campo de estudio. El OPT puede tener lugar durante antes o después de la graduación. Bajo el OPT, los estudiantes están autorizados a trabajar hasta por 12 meses, pero aquellos que recibieron títulos en ciertas ciencias, tecnología, ingeniería y matemáticas, o STEM, pueden solicitar una extensión de 24 meses.

**Orientation** (Orientación)
Proceso oficial de una universidad de dar la bienvenida a estudiantes nuevos y aceptados al campus y proporcionarles información y reglas antes de que comiencen las clases, generalmente en un evento de medio día o de día completo. Muchas universidades y escuelas de postgrado ofrecen una orientación por separado solo para estudiantes internacionales.

## P

**Part-time student** (Estudiante de medio tiempo)
Un estudiante que está matriculado en una universidad, pero que no está tomando la cantidad mínima de créditos requeridos para una carga completa del curso.

**Pass-fail** (Aprobar-reprobar)
Un sistema de calificación en el que los estudiantes reciben una calificación de «aprobar» o «reprobar», en lugar de una calificación específica o calificación con letra.

**Plagiarism** (Plagio)
El uso de las palabras o ideas de otra persona como propias, sin reconocer a esa persona.

**Postsecondary** (Post Secundaria)

Cualquier tipo de educación que tenga lugar después de la escuela secundaria

**Prerequisite** (Requisito previo)

Un curso obligatorio que debe completarse antes de que un estudiante pueda inscribirse en uno más avanzado.

**Priority date** (Fecha de prioridad)

La fecha en que se debe recibir una solicitud para que se le tenga en cuenta. Esto puede aplicarse a admisiones, ayuda financiera y alojamiento en el campus. Después de que pase la fecha de prioridad, las solicitudes se pueden considerar caso por caso o por orden de llegada.

**Probation** (Período de prueba)

Un estado o período de tiempo en el que los estudiantes con un GPA muy bajo o cuyo trabajo académico no es satisfactorio según la universidad, deben mejorar su rendimiento. Si no pueden hacerlo, pueden ser expulsados. Los estudiantes también pueden enfrentar «libertad condicional disciplinaria» por razones no académicas, como problemas de conducta en los dormitorios.

**PSAT** (SAT Preliminar)

Examen de práctica estandarizado que mide las habilidades de lectura, escritura y matemáticas, brindando a los estudiantes experiencia con el SAT. Los estudiantes generalmente toman el PSAT en su tercer año de preparatoria, y los ciudadanos estadounidenses y los residentes permanentes pueden enviar sus calificaciones para obtener becas

## Q

**Quarters** (Trimestres)

Períodos de estudio que dividen el año académico en cuatro segmentos iguales de aproximadamente 12 semanas cada uno, que suelen incluir el verano.

## R

**RA** (Asistente residente)

Un líder estudiantil que trabaja en dormitorios de campus y supervisa problemas y actividades relacionadas con la vida de dormitorio. Los RA a menudo reciben alojamiento gratuito en el dormitorio a cambio de sus servicios.

**Registrar** (Registrador)

Funcionario de la universidad que es responsable de registrar a los estudiantes y mantener sus registros académicos, como los transcripts.

**Registration** (Inscripción)

El proceso en el cual los estudiantes eligen y se inscriben en los cursos que tomarán durante el año académico o en las sesiones de verano.

**Regular Decision** (Decisión Regular)

Un proceso de admisión utilizado por universidades que normalmente requiere que los solicitantes envíen sus aplicaciones antes del 1 de enero. Una decisión de admisión regular generalmente se recibe antes del 1 de abril, y si es admitido, el estudiante generalmente tiene hasta el 1 de mayo para responder a la oferta. La mayoría de los solicitantes son evaluados durante una decisión regular, en lugar de una acción temprana y decisión temprana.

**Rolling Admissions** (Admisiones Continuas)
Proceso de admisión utilizado por algunas universidades en el que cada solicitud se considera tan pronto como se reciben todos los materiales requeridos, en lugar de una fecha límite específica. Con esta política, las universidades toman decisiones a medida que se reciban las solicitudes hasta que se llenen todos los espacios.

**Room and board** (Alojamiento y alimentación)
Por lo general, «alojamiento y comida» es uno de los elementos que las universidades incluirán en el costo anual estimado de asistencia. Si los estudiantes eligen vivir en dormitorios, el meal plan o plan de comidas podría ser obligatorio.

## S

SAT (Examen estandarizado de ingreso a la Universidad)
Examen requerido por la mayoría de universidades estadounidenses para admitir a estudiantes graduados de high school. Además, los estudiantes pueden optar por tomar los exámenes de materias específicas del SAT en inglés, historia, idiomas, matemáticas y ciencias para demostrar sus conocimientos en áreas académicas muy

puntuales. Algunas escuelas pueden recomendar, pero no requerir, que los estudiantes internacionales tomen el SAT o ACT.

**Scholarship** (Beca)
Un tipo de ayuda financiera que consiste en una cantidad de dinero gratis otorgada a un estudiante por una escuela, individuo, organización, empresa, organización benéfica o gobierno federal o estatal.

**School** (Escuela)
Cualquier institución educativa, incluyendo los que proporcionan la educación primaria, secundaria y post-secundaria. El término «escuela» a menudo se usa indistintamente con el de «universidad»

**Semesters** (Semestres)
Períodos de estudio que dividen el año académico en dos segmentos iguales de aproximadamente 15 a 18 semanas cada uno. Algunas universidades también ofrecen un semestre de verano más corto, más allá del año académico tradicional.

**Senior**
Un estudiante en el cuarto año de escuela secundaria o college o universidad.

**Social Security Number** (Número de Seguro Social)
Un número de nueve dígitos emitido por el gobierno de Estados Unidos a personas que están autorizadas para trabajar en el país y cobrar ciertos beneficios del gobierno. Muchas universidades usan el número de Seguro So-

cial como el número de identificación del estudiante. Los estudiantes internacionales que se encuentran en Estados Unidos y están autorizados para trabajar dentro o fuera del campus deben solicitar un número de Seguro Social, que luego usarán para informar sus salarios al gobierno.

**Sophomore** (Estudiante de segundo año)
Un estudiante en el segundo año escuela secundaria o de universidad.

**Sorority** (Hermandad)
Una organización estudiantil para mujeres, formada con fines sociales, académicos, de servicio comunitario o profesionales. Una hermandad de mujeres es parte del sistema griego de un colegio o universidad.

**Standardized tests** (Pruebas estandarizadas)
Exámenes, como el SAT, ACT y GRE, que miden el conocimiento y las habilidades y están diseñados para ser consistentes en la forma en que se administran y califican. Las pruebas estandarizadas están destinadas a ayudar a los funcionarios de admisiones a comparar estudiantes que provienen de diferentes orígenes.

**STEM**
Las asignaturas colectivas de ciencia, tecnología, ingeniería y matemáticas.

# T

**TA** (Asistente de enseñanza)

Un estudiante graduado que asiste a un profesor con la enseñanza de un curso de pregrado

**Term** (Término)

Períodos de estudio, que pueden incluir semestres, trimestres, bimestres o sesiones de verano.

**Thesis** (Tesis)

Un escrito formal sobre un tema específico, que se puede requerir para obtener un título de licenciatura, maestría o doctorado.

**TOEFL** (Examen de inglés como idioma extranjero)

Un examen estandarizado administrado por el Servicio de Pruebas Educativas (ETS) que mide el dominio del idioma inglés en lectura, comprensión auditiva, expresión oral y escritura. La mayoría de las universidades estadounidenses exigen que los hablantes de inglés no nativos tomen el TOEFL o el IELTS y presenten sus calificaciones como parte del proceso de admisión.

**Transcripts** (Transcripciones)

Un registro oficial de los cursos y calificaciones de un estudiante en una escuela secundaria, college o universidad. Los transcripts de la escuela secundaria suele ser uno de los componentes requeridos del proceso de solicitud a la universidad.

**Transfer credit** (Crédito de transferencia)

Crédito otorgado para obtener un título sobre la base de estudios completados en otro college o universidad. Por ejemplo, los estudiantes que se transfieren de un community college a una universidad de cuatro años pueden obtener créditos de transferencia.

**Tuition** (Matrícula)

Una cantidad de dinero que cobra una universidad por término, por curso o por crédito, a cambio de instrucción y capacitación. En general, la matrícula no incluye el costo de los libros de texto, alojamiento y comida.

## U

**Undergraduate student / undergraduate studies** (Estudiante de pregrado / estudios de pregrado)

Un estudiante matriculado en un programa de estudios de dos o cuatro años en un college o universidad después de graduarse de la escuela secundaria, lo que lleva a un título de asociado o Bachelor's degree.

**University** (Universidad)

Una institución postsecundaria que normalmente ofrece programas de pregrado y grado y postgrado. «Universidad» a menudo se usa indistintamente con escuela.

# W

**Wait list** (Lista de espera)

Una lista de solicitantes calificados en una escuela a la que se le puede ofrecer admisión, si hay espacio disponible, después de que todos los estudiantes admitidos hayan tomado sus decisiones. Estar en una lista de espera no garantiza la admisión eventual, por lo que algunos estudiantes pueden optar por no permanecer en la lista, especialmente si la escuela no es su primera opción.

**Withdraw** (Retirar)

Dejar de participar formalmente en un curso o retirarse de una universidad.

**Work-study** (Trabajo-estudio)

Un programa de ayuda financiera financiado por el gobierno federal, que permite que los estudiantes de pregrado o posgrado trabajen a tiempo parcial en el campus o con empleadores aprobados fuera del campus. Para participar en el trabajo-estudio, los estudiantes deben completar la FAFSA. En general, los estudiantes internacionales no son elegibles para puestos de trabajo y estudio.